불편한 AI

불편한 AI

초판 인쇄 2024년 12월 17일
초판 발행 2024년 12월 24일

지은이	최경환
펴낸이	김재광
펴낸곳	솔과학
등 록	제10-140호 1997년 2월 22일
주 소	서울특별시 마포구 독막로 295번지 302호 (염리동 삼부골든타워)
전 화	02-714-8655
팩 스	031-422-4656
E-mail	solkwahak@hanmail.net

ISBN 979-11-92404-88-2 (93000)
ⓒ 솔과학, 2024

값 19,800원

※ 이 책의 내용 전부 또는 일부를 이용하려면 반드시 저작권자와 도서출판 솔과학의 서면동의를 받아야 합니다.

최경환 지음

프롤로그

'AI 리터러시'는 더 이상 선택이 아닌 필수입니다.

'AI 리터러시'는 AI(인공지능)와 리터러시(Literacy)의 합성어로 인공지능 기술을 이해하고 활용할 수 있는 능력을 의미합니다. 단순한 기술 습득을 넘어 현재의 디지털 시대를 살아가는 데 필수적인 생존 능력이 되었습니다. 폭발적인 발전 속도로 우리 일상에 빠르게 침투하고 있는 지금, AI의 기본 개념을 이해하고 다양한 도구를 효과적으로 활용하는 능력은 경쟁력을 갖추는 데 큰 자산이 될 것입니다.

이미 실생활에 들어와 사용하고 있지만 복잡한 용어들로 어렵고 낯설게 느껴질 수 있습니다. 하지만 어렵게 느껴지는 이 기술들도 알고 보면 사용법은 간단한 원리로 이루어져 있습니다. 마치 처음 자동차를 배울 때와 비슷합니다. 처음에는 엑셀과 브레이크를 밟는 것조차도 낯설지만 반복적으로 연습하다 보면 결국 자연스럽게 도로 위를 달릴 수 있는 것처럼 AI도 이와 같습니다. 처음엔 무척이나 복잡하게 보이지만 기본 작동 원리를 이해하고 조금씩 익숙해지면 자동차처럼 삶의 질을 높여주고 생산성을 향상시켜 주는 아주 강력한 도구가 됩니다.

실제로 AI를 경험해보는 것이 가장 좋은 학습법입니다. 텍스트 생성과 이미지나 영상 제작 등 다양한 AI 도구를 사용해보는 과정에서 앞으로의 AI의 가능성과 현재까지의 한계를 직접 체감할 수 있습니다. 처음 사용할 때 느껴지는 불편함은 '낯섦'입니다. 하지만 시간을 들여 익숙해지면 그 불편함은 곧 '없어서는 안 될 기술'로 바뀌게 되죠. 복잡한 계산을 대신하고 창의적인 아이디어를 제안해주고 기록의 방식을 바꾸는 등 '나만의 조력자'가 되어줍니다.

하지만 AI를 이해하려면 기본 개념부터 시작해야 합니다. AI(인공지능, Artificial Intelligence), AGI(인공 일반 지능, Artificial General Intelligence), ANI(인공지능, Artificial Narrow Intelligence), ML(머신러닝, Machine Learning), DL(딥러닝, Deep Learning), ANN(인공신경망, Artificial Neural Networks) 등 듣기만 해도 어려운 개념을 차근차근 배우는 것에서 부터 OCR(광학 문자 인식, Optical Character Recognition), STT(Speech to Text), TTS(Text to Speech) 등 이미 실생활에 들어온 활용도 좋은 기능들까지 초보자도 단계적으로 개념을 이해하고 따라하며 'AI 리터러시'를 키울 수 있도록 이 책이 친절히 안내하겠습니다.

요즘 아이들은 AI와 정말 자연스럽게 어울립니다. 저희 집 아이들만 해도 마치 친구 부르듯이 '지니야!' 하고 음성 디바이스를 부르며 이야기하곤 합니다. '지니야, 티비 틀어줘.', '리모콘 찾아줘.'라고 부탁을 하기도 합니다. 아이들을 위한 기능이 별도로 탑재되어 있다 보니 한글이나 영어를 자연스럽게 접근할 수 있도록 도와주는 프로그램도 이미 잘 활용하고 있습니다. 그 중 가장 많이 사용하고 있는 기능 중 하나는 '끝말잇기'입니다. 한글을 떼고 난 후부터 엄마 아빠와 끝말잇기 하는 걸 즐기는 첫째는 이 음성 디바이스와 끝말잇기 대결을 하면서 자연스럽게 수많은 단어를 익히게 됐습니다. 한번은 이 AI가 세상에 없는 단어를 만들어내 아이들은 이게 무슨 뜻인지 물어봤습니다. 혹시나 내가 모르는 단어인가 싶어 웹서핑을 통해 찾아보고 없는 단어를 만들어냈다는 걸 알고 '지니가 지기 싫어서 없는 단어를 만들어낸 거야. 너가 이겼어.' 그렇게 처음 끝말잇기에서 AI를 이기고 좋아하던 모습이 생각납니다. 그리고 그 옆에서 지켜보던 둘째는 언니를 따라 하며 한글을 더욱 빠르게 익히게 되었습니다. 이 아이들에게 AI는 이미 일상의 한 부분입니다. 필요할 때마다 말을 걸고 응답을 받는 것이 아주 자연스러운 세대입니다.

그런데 제 부모님 세대 그러니까 지금의 시니어 세대에게는 이런 AI가 아직 어색하고 불편한 존재입니다. 빠르게 발전하는 속도 때문에 기존에 사용하던 스마트폰이 멀쩡한데도 최신 업데이트를 따라가지 못해 결국 새로 바꿀 수밖에 없게 되는 일이 많습니다. 그런데 이미 스마트폰 사용에 익숙하지 않았던 시니어가 이제 겨우 익숙해진 기존의 스마트폰을 새로 나온 기종으로 변경하게 되면 이전보다 훨씬 많은 기능들이 추가되어 있고 쓰지도 않는 기능들이 잔뜩 담겨 있어 익숙해져버린 기존의 사용법마저 헷갈리게 되는 경우가 많이 있습니다. 익숙해지기도 전에 새 기기가 나오는 상황이 반복되고 이런 변화가 기술을 더 친숙하게 만들기보다는 불편하고 어렵게 만다는 요소로 다가오는 것이죠. AI도 마찬가지입니다. 어쩌면 스마트폰의 새로운 기능들처럼 조금 어렵고 당장은 필요하지 않은 기술로 느껴질지도 모릅니다. 하지만 낯선 기술이 익숙해지기까지는 시간이 걸립니다. 저도 '생성형AI'를 처음 접했을 때 도대체 이걸 어디에 써야 하는지 어떻게 써야 하는지 많은 정보를 찾아보고 학습하는 데 오랜 시간이 걸렸습니다. 익숙해지기까지는 다소 '불편함'이 있었지만 이제는 '없으면 불편한' 기술이 되어버렸습니다.

어릴 적 컴퓨터를 접하면서 자연스럽게 디지털 기기를 받아들여 온 세대에게는 AI가 그리 낯선 존재는 아닙니다. 그러나 3, 40대에 처음으로 컴퓨터를 배우고 4, 50대에 처음으로 스마트폰을 시작한 부모님 세대에게는 또 다른 도전이 필요한 셈이지요. 컴퓨터나 스마트폰을 익힐 때처럼, AI도 처음에는 어렵고 불편하게 느껴질 수밖에 없는 상황입니다. 하지만 그 '불편함'을 이겨낸다면 그 뒤에는 또 다른 편리함이 기다리고 있을 것입니다. 우리가 스마트폰을 사용할 때 처음에는 단순한 전화기였지만 어느 순간 영화나 유튜브를 보고 사진을 찍고 일정을 관리하는 다기능 기기가 되어버린 것처럼 말이죠. 지금의 AI는 마치 초기의 스마트폰처럼 낯설고 새로운 도구이지만 여러분의 삶을 바꾸고 편리함을 더할 가능성이 충분히 있습니다. 이 책이 그 '불편한' AI에 한 발짝 내딛게 만들 시작입니다.

AI는 더 이상 전문가들만의 영역이 아니고 우리의 삶 곳곳에 자리 잡고 있습니다. 여전히 어렵게 느껴지고 사용법이 까다롭다고 느낄 수도 있지만 그것을 배워보고 활용해 보면서 일상에서 필요한 부분에 적용할 수 있는 방법을 찾는다면 AI는 분명 우리의 일상을 한층 더 편안하고 효율적으로 만들어 줄 수 있을 것이라고 확신합니다.

AI는 단순히 기술 그 자체로 끝나는 것이 아니라 결국 사람에게 익숙해지는 문제입니다. 우리가 어떻게 활용하느냐에 따라 무궁무진한 가능성을 열어주는 도구가 될 수 있죠.

낯설고 불편한 이 AI가 여러분에게도 곧 '없으면 불편한' 기술이 되지 않을까요?

불편한 AI

이 글을 읽는 여러분도 기존 방식에 익숙하고 AI라는 것이 다소 불편할 수 있습니다. '굳이 AI를 사용해야 하나?'라는 생각이 들 수 있지만 세상은 그 어느 때보다 빠르게 변하고 있습니다. 과거에 컴퓨터가 처음 등장했을 때 불편함을 이유로 사용을 미뤘다면 시간이 지나면서 컴퓨터를 사용하지 않는 사람들은 디지털 시대에서 점점 뒤처지게 되었을 겁니다. 이제는 AI 시대가 눈앞에 다가왔습니다. 조금의 불편함이 있다고 미룬다면 그 격차는 점점 더 커질 수 있습니다.

따라서 AI가 제공하는 도구를 배우고 활용하는 것은 미래를 준비하는 중요한 방법이 될 것이고 우리의 일상과 업무 방식을 근본적으로 변화시킬 도구이기 때문에 이를 적극적으로 받아들이는 것이 중요합니다. 기술의 발전이 언제나 모든 사람에게 편리함을 가져다 주는 것은 아닙니다. 특히 컴퓨터와 같은 디지털 기기의 사용이 자유롭지 못한 시니어들에게는 AI라는 새로운 기술이 오히려 낯설고 때로는 불편하게 느껴질 수 있습니다. 이 책, 《불편한 AI》는 이러한 불편함을 해소하고 AI 초보자들이 AI를 이해하고 활용할 수 있도록 돕기 위해 쓰였습니다. AI는 더 이상 복잡한 기술 용어로만 존재하는 것이 아니라 우리의 일상 속에서 손쉽게 접할 수 있는 도구가 되었습니다.

비록 당장 AI를 능숙하게 다루지 못하더라도 중요한 것은 첫걸음을 내딛는 것입니다. 이 책이 그 첫걸음을 내딛는 계기가 되기를 진심으로 바랍니다. 새로운 기술을 배우는 과정은 누구에게나 쉽지 않지만 시작해보는 것이 미래의 변화를 받아들이는 첫 번째 단계입니다. 이 책이 그 계기가 된다면 정말 뿌듯할 것 같습니다.

이 책의 일부는 AI의 도움을 받았지만, 이는 저의 생각과 정보를 보완하는 과정에서만 사용되었습니다. AI가 모든 작업을 대신한 것이 아니라 저의 생각을 다듬고 부족한 부분을 채워주며 좀 더 명확하고 효과적으로 전달할 수 있는 도구로 활용되었습니다.

'DALL-E'가 그린 AI의 일상

차 례

프롤로그
- 'AI 리터러시'는 더 이상 선택이 아닌 필수입니다. ············ 4
- 불편한 AI ··· 9

Part 1 AI의 개념과 역사

1. AI, AI, AI ·· 18
2. 불편했던 '챗GPT'와의 첫 만남 ································ 21
3. AI 버블? 닷컴 버블을 떠올리는 이유 ························ 27
4. 1승 4패 그리고 새로운 AI 붐 ································· 30
5. AI(인공지능)란 무엇일까요? ··································· 34

Part 2 AI와 인간의 상호작용

1. AI를 잘 다루는 사람은? ·· 40
2. 반드시 필요한 윤리적 통제 ···································· 45
3. 가전제품의 편리함 속에 불편한 진실 ························ 48

Part 3 패러다임의 변화

1. 패러다임의 변화 · 54
2. 온디바이스로의 패러다임 변화 · · · · · · · · · · · · · · · · 60
3. 의료와 제약 분야의 패러다임 변화 · · · · · · · · · · · · · 67
4. 자동차와 AI 로봇 : 일상과 산업을 바꾸는 변화 · · · · · · 71
5. 교육 분야에서의 패러다임 변화 · · · · · · · · · · · · · · · · 74
6. 창작과 예술 분야의 패러다임 변화 · · · · · · · · · · · · · · 77

Part 4 언어와 AI

1. 언어의 장벽은 어디까지 무너질까? · · · · · · · · · · · · · · 84
2. AI가 전문 번역가를 대체할 수 있을까? · · · · · · · · · · · 88
3. 동물 회화 사전 · 92

Part 5 AI의 과거와 미래

1. 생각보다 오래된 AI의 시작 · · · · · · · · · · · · · · · · · · · 96
2. 엔비디아의 급부상 · 100
3. 오픈AI에 대한 초기 지원 · 103
4. 구글의 굴욕 · 106
5. 빌 게이츠 · 110

Part 6　챗GPT 시작하기

1. 챗GPT 시작하기 ···················· 116
2. '챗GPT' 최근 업데이트 상황 ········ 118
3. 챗GPT 시작 절차 ···················· 122
4. 아이폰에서 GPT 시작하기 ·········· 125
5. 안드로이드에서 GPT 시작하기 ····· 128

Part 7　챗GPT와 관련된 개념

1. 블랙박스 문제 ······················· 132
2. GPT란 무엇인가? ··················· 135
3. 프롬프트(Prompt) ··················· 142
4. 할루시네이션(Hallucination) ······· 146
5. 페르소나(Persona) ·················· 149

Part 8　프롬프트 활용법

1. 논문으로 검증된 프롬프트 기법들 ·· 154
2. 본론만 말하기 ······················· 157

Part 9　다른 AI 플랫폼 소개

1. 클로드(Claude) ······················ 178

2. 제미니(Gemini) ·· 181

3. 라마(LLAMA) ·· 184

4. 이디오그램 AI(Ideogram AI) ························ 185

5. 수노(SUNO) ·· 189

6. 검색 AI의 시대 ·· 194

Part 10 AI와 다양한 직업군

1. If I were you ·· 200

2. IF I were you 법조인이라면 ························ 204

3. 시대에 맞는 도구 'AI' ································ 210

Part 11 GPT 활용법

1. Custom Instruction과 GPTs ························ 214

2. 프롬프트 몰라도 괜찮아요 ·························· 233

Part 12 AI 놀자

1. AI 놀자 ·· 238

2. AI 놀자 – 추론문제 ································ 241

3. AI 놀자 – 이어말하기 ······························ 246

4. 요약하기 ·· 249

Part 1

AI의 개념과 역사

1
AI, AI, AI

최근 AI 붐이 일어나면서 2013년 영화 'HER'가 다시 주목받고 있습니다. 여러 OTT 플랫폼에서 역주행하며 실시간 영화 순위에 오르기도 하고 AI 관련 검색어에 등장하기도 했습니다. 10여 년이 지난 지금 왜 이 영화가 다시 각광받고 있는 걸까요?

흔히 AI 하면 떠오르는 영화는 다양합니다. 미래 사회에 인간과 로봇의 관계를 그린 '아이 로봇', 인간의 능력을 뛰어넘는 초인공지능을 보여주는 '어벤저스 에이지 오브 울트론', 최근 AI의 반란을 그린 넷플릭스 영화 '아틀라스'까지. 그럼에도 불구하고 영화 'HER'가 주목받는 이유는 개봉 당시 사람과 인공지능이 사랑에 빠진다는 설정은 먼 미래에나 가능할 듯한 이야기로 여겨졌습니다. 하지만 최근 몇 년 만에 인간의 언어를 이해하는 듯 보이고 강점을 흉내내는 듯 보이는 모습은 더 이상 완전히 비현실적이지 않게 느껴지고 영화 속에서 인공지능 '사만다'가 사람의 감정을 이해하고 소통하는 모습이 지금의 상황을 정확히 보여주는 오늘날의 AI와 닮아 있다는 생각이 듭니다.

상상으로 만들어낸 영화가 현실이 된 것처럼 미래를 내다보고 우리나라의 산업 발전에 큰 영향을 미친 중요한 순간이 있었습니다.

"브로드밴드, 브로드밴드, 브로드밴드."

1990년대 후반, 당시 김대중 대통령이 소프트뱅크의 손정의 회장에게 미래 먹거리 세 가지를 묻자 손 회장이 내놓은 답변이었습니다. '브로드밴드'는 그 후 인터넷 시대의 문을 여는 열쇠가 되었고 한국의 IT 강국으로의 도약을 가능하게 했습니다. 그로부터 20여 년이 지난 2019년, 문재인 대통령이 동일한 질문을 던졌을 때 손 회장은 이렇게 답했습니다.

"AI, AI, AI."

AI는 이제 미래가 아닌 현재를 이끄는 핵심 기술로 자리 잡았고, 우리의 삶 속에 깊숙이 파고들기 시작했고 지금 우리의 미래를 다시 한 번 변화시킬 열쇠가 되고 있습니다.

그럼에도 불구하고 우리는 이렇게 물을 수 있습니다.

"왜 'AI'라는 단어가 여기저기서 들리지만
정작 우리 일상에서는 그 영향력을 크게 느끼지 못했을까?"

사실 지난 5년 동안 AI라는 이름이 붙은 기술들이 많이 등장했지만 대부분은 과장된 기대감에 비해 실질적인 성과는 미미했습니다. 많은 기업들이 AI를 도입한다고 선언했지만 일반 사용자가 실질적으로 체감할 수 있는 변화는 한정적이었습니다. 주로 연구와 산업의 영역에서 이루어졌고 실질적으로 경험하는 부분은 여전히 먼 미래처럼 느껴졌습니다.

이러한 상황 속에서도 최근 몇 년간 AI 기술은 점차 발전하고 있으며, 특히 자연어 처리와 이미지 인식 분야에서 눈에 띄는 성과를 보이고 있습니다. 이제는 개인 사용자들도 AI 기반의 서비스와 도구를 통해 일상생활에서 직접적인 혜택을 누릴 수 있는 기회가 늘어나고 있습니다. 예를 들어, 스마트폰의 음성 인식 기능이나 추천 시스템은 많은 사람들이 매일 사용하는 기술로 자리 잡았습니다. 이러한 변화는 AI 기술이 단순한 연구의 영역을 넘어 실제 생활에 통합되고 있다는 것을 보여줍니다. 앞으로의 발전이 기대되는 이유이기도 하죠.

2
불편했던 '챗GPT'와의 첫 만남

제가 '챗GPT'를 처음 접한 것은 2022년 말 '챗GPT-3.5' 버전이 막 출시되었을 때였습니다. 당시, 이 AI가 출시된 지 5일 만에 100만 명의 사용자를 돌파했다는 기사를 접하고 호기심이 생겼습니다. 단순한 기술이 아닌 어떤 '현상'이 아닐까 하는 생각에 직접 사용해보기로 했습니다.

24년 10월 오픈AI는 주간 활성 사용자(Weekly Active User) 수를 2억 명이라고 밝혔습니다. 국내 월간 활성 사용자(Monthly Active User, MAU) 수는 396만 명으로 많이 늘어나긴 했지만 세계 시장에 비하면 월등히 떨어지는 수치라고 볼 수 있습니다.

처음 '챗GPT'를 접했을 때 솔직히 말해 "이게 뭐지?"라는 생각이 들었습니다. 구글이나 네이버 같은 기존의 검색 엔진과는 너무 달랐기 때문이죠. 기존 검색엔진은 키워드를 입력하면 관련 링크와 자료를 나열해 주는 방식이었지만 '챗GPT'는 대화형으로 직접 답변을 제시했습니다. 마치 외국에서 새로운 방식의 의사소통을 배우는 그야말로 '낯선' 기분이었습니다. 기존에 익숙했던 틀을 벗어나게 만드는 경험이었죠.

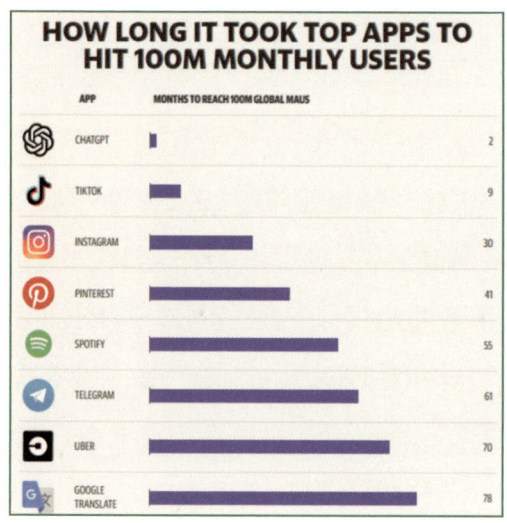

1개월 만에 사용자 1,000만 명 달성 (사진 출처: UBS)

낯섦은 불편함으로 이어졌습니다. 순식간에 쏟아지는 답변들이 놀랍긴 했지만 동시에 '이 정보가 믿을 만할까?'라는 의구심이 들었습니다. 너무 빠른 속도에 비해 그 답변의 신뢰도를 검증할 수 있는 시간이 부족했으니까요. 어딘가에서 사실이 확인되는 시스템을 거치고 난 후 제공되는 정보인지 단순히 웹에 있는 정보들을 긁어온 데이터인지 불확실했기 때문에 방대하게 나온 답변들을 '팩트체크' 해보는 데 꽤나 많은 시간을 소요하게 되는 오히려 '불편한AI'였습니다. 마치 방금 만난 낯선 사람이 방대한 양의 정보를 주는데 그 속에서 진짜 필요한 정보를 찾아내는 일은 여전히 나의 몫이었기 때문이죠.

하지만 재미있는 건 이 불편한 녀석을 하루에도 몇 번씩 찾게 됐다는 점입니다. 시간이 지나면서 이 낯선 프로그램과의 대화에 점점 익숙해져 그 안에서 유용한 정보를 추출하고 활용하는 방법을 배워 나갔습니다. 처음엔 '이건 도대체 뭘까?'라는 질문에서 시간이 지나다보니 '이걸 어떻게 사용할 수 있을까?'로 바뀌기 시작했고 그 변화 과정에서 중요한 걸 깨달았습니다. 불편함은 결국 새로운 가능성이고 익숙하지 않은 것 앞에서 불편함을 느끼지만 극복한 뒤에는 전혀 다른 세상이 열린다는 것을요.

당시만 해도 AI란 것은 나와는 관계가 없고 특정 산업에 사용되는 기술 또는 나와는 거리가 먼 어떤 연구진들이 연구를 하고 있는 그런 기술 정도로만 생각했는데 보통 사람도 사용할 수 있는 자연어 처리가 가능해진 이 기술에서 강력한 기능과 가능성을 이해하게 되고 이 AI가 얼마나 유용하고 일상에 큰 변화를 가져올 수 있는지 실감할 수 있었습니다. 단순한 질문에 답하는 챗봇이 아닌 마치 사람처럼 대화를 이어가고 복잡한 문제를 해결하는 능력을 보여주었고 그동안 이름만 붙어 있던 다른 AI와 달리 '챗GPT'는 일반인이 직접 경험할 수 있는 채팅의 형태로 아주 쉽게 인공지능을 제공했습니다. 질문에 답하고 조언을 하며 심지어 농담까지 던지는 '챗GPT'는 인공지능이 우리 일상 속으로 들어왔다는 실감을 하게 만든 서비스였습니다.

처음엔 단순히 새로운 기술을 경험해 보고자 시작했지만 이제는 '챗GPT'와의 대화가 일상의 일부가 되었습니다. 필요할 때마다 질문을 던지고 답을 얻으며 때로는 아이디어를 나누고 창의적인 문제 해결을 도와주는 나만의 개인 비서가 되었고 제가 상상도 못했던 가능성을 열어주는 창구가 되었습니다. 기술이란 원래 그런 것 아닐까요? 더 작은 것으로 더 많은 일을 하게 해주는 기술은 처음에는 우리가 이해하지 못하고 경계하면서도 시간이 지나면 우리 삶에서 없어서는 안 되는 도구가 되는. 그렇게 생각하면 기술이 발전하면서 우리에게 던지는 질문은 항상 같았던 것 같습니다. "이 새로운 가능성을 받아들일 준비가 됐나요?"

'챗GPT'가 출시된 후 2년이 지났습니다. 그 사이 AI 기술은 정말 놀라울 정도로 빠르게 발전했고 많은 분야에서 변화를 일으켰습니다. 그러나 한 가지 아이러니한 점은 앞서 언급한 데이터(MAU, WAU)와 같이 국내에서 AI에 대한 관심과 사용률은 글로벌 무대에서 우리가 가진 명성에 비해 상당히 낮다는 것입니다.

"이제 논점은 '챗봇'이 아닙니다. 핵심은 '패러다임'의 변화입니다."

이 문제는 단순히 '챗GPT'라는 특정 프로그램에 대한 것이 아닙니다. 사실 이제는 단순히 '챗봇'의 성능이 좋고 나쁜가를 논할 시기는 이미 지났습니다. 지금은 그것을 넘어 우리 일상 속에서 정보를 소비하고 문제를 해결하며 소통하는 방식 전반이 어떻게 변화하고 있는지를 살펴봐야 할 때입니다. 이 변화는 단순히 기술적 혁신으로 그치지 않을 겁니다. 의료, 교육, 번역, 창작 등 모든 분야에서 이미 새로운 규칙을 만들어내고 있고 이러한 규칙은 우리 삶에 깊숙하게 스며들고 있습니다. 과거의 방식에 익숙한 이들에게는 불편함으로 느껴질 수 있지만 새로운 규칙에 얼마나 빨리 적응하고 이를 효과적으로 활용할 수 있는가가 앞으로의 경쟁력을 결정지을 것입니다.

그러니 이 시점에서 가장 중요한 것이 'AI 리터러시'입니다. 지금도 수없이 많은 AI가 쏟아져 나오고 있습니다. 그 AI를 활용해 만드는 방대한 양의 '정보의 홍수' 속에서 본질적인 가치를 파악하고 진짜 정보와 데이터를 식별할 수 있는 역량을 키워나가면서 AI를 능숙하게 활용할 수 있는 능력이 앞으로의 세대를 살아가는 데 필수적인 스킬이 될 것입니다.

현재 가장 앞서가고 있는 미국에서는 구직자들이 직장을 선택할 때 가장 먼저 확인하는 사항 중 하나가 바로 회사에서 AI 툴을 활용할 수 있는 환경이 갖추어져 있는지 여부입니다. 특히 AI를 이미 능숙하게 다루고 있는 젊은 세대에게는 회사의 복지나 연봉 못지않게 중요한 요소로 자리 잡고 있습니다. 단순 반복 업무에 소중한 시간을 허비하기 보다는 AI를 통해 효율적으로 업무를 처리하고 자신의 역량을 발휘할 수 있는 환경을 선호하기 때문이죠.

앞으로의 면접에서는 이런 질문이 필수적으로 등장할지도 모릅니다.

"AI를 얼마나 잘 활용할 수 있습니까?"

여기도 저기도 AI 'DALL-E' 생성

3
AI 버블? 닷컴 버블을 떠올리는 이유

주요 생성형 AI 종류 (2024년 10월 기준)

그림에 보이는 AI 유형들 외에도 수많은 AI 도구들이 매일 새롭게 개발되고 있습니다. 이미지 생성, 텍스트 생성, 영상 편집, 코딩 등 다양한 목적의 AI들이 나오지만 비슷한 기능을 가진 프로그램들이 무수히 쏟아져 나오면서 많은 사람들이 2000년대 초반의 '닷컴버블'을 떠올리고 있습니다.

당시 '닷컴'만 붙어도 기업가치가 급등했던 현상을 기억하시나요? 저는 기록으로만 접한 세대이기 때문에 당시 어떤 기업들이 잠시 반짝였는지 체감적으로 와닿지는 않습니다. 하지만 분명한 것은 그 혼란 속에서 시작한 스타트업들이 지금의 빅테크 기업이 되었다는 것이죠. 세계 IT 시장을 이끌어가는 지금의 구글과 애플 그리고 아마존, 한국의 카카오와 네이버 같은 기업들도 당시에는 스타트업에 불과했습니다. 버블이 가라앉고 난 뒤 본질적인 가치를 증명한 기업들만이 생존했고 오늘날 글로벌 시장을 주도하는 거인들로 성장한 것이죠.

현재의 AI 시장에서도 비슷한 양상이 벌어지고 있는 건 사실입니다. 놀라운 기술을 자랑하는 AI 툴이 많지만 그 중 몇몇은 실질적인 가치를 증명하기도 전에 사라질 가능성이 큽니다. 이미 벌써 반짝였다가 사라지기도 했구요. 특히나 이미지 생성과 영상 제작 분야는 입이 떡 벌어질 정도의 성과를 보여줍니다. 하지만 몇 차례 사용하다 보면 한계가 드러나기도 합니다. 결과물이 사용자에 따라 들쭉날쭉 하고 원하는 수준에 도달하지 못하는 경우도 자주 발생합니다.

AI의 발전 속도가 빠른 만큼 '최고'라고 평가받는 AI라도 그 자리를 오래 유지할 수 있을지는 아무도 장담할 수 없습니다. 현재 가장 널리 쓰이고 AI 시장을 선도하고 있는 '오픈AI'조차 시간이 지나면 다른 기업에 의해 대체될 수 있습니다. 그러니 특정 AI나 기능이 절대적이라는 식의 주장은 주의가 필요합니다. 요즘 언어로 믿고 거를 필요가 있습니다. 투자의 관점으로 AI를 바라보는 분이라면 특히나 주의할 필요가 있습니다. 닷컴만 붙었다 하면 동네 구멍가게도 주식이 천장을 뚫고 올라갔던 시기라는 이야기를 들은 적이 있습니다. 온갖 AI 전문 용어들을 나열하고 위 표에서 보여지는 '생성형AI'가 작동하는 모습을 보는 순간 객관성을 잃을 수 있습니다. 반드시 경계하고 본질적인 가치를 정확히 이해하고 기준을 명확히 세워야 합니다.

명확히 기준을 세우기 위해서는 직접 사용해 보는 것이 가장 좋은 방법입니다. 현재 기업들의 과열 경쟁 속에 '오픈AI'가 표준이 되었고 많은 기업들이 그에 발맞춰 따라가고 있다보니 가격 정책 또한 기준점이 되었습니다. 그리고 '오픈AI'를 비롯한 대부분의 기업들은 기본 사용을 무료로 하고 있습니다. 그러니 다양하게 경험해보세요.

유사 사이트의 과도한 결제에 대해 볼 수 있습니다. 평균 한 달에 $20(한화 29,000원) 내외이니 과도한 금액을 결제하는 일은 없어야 합니다. 이 책의 뒷 부분에 현재의 표준이 되는 '챗GPT'의 가입방법과 사용법을 확인하시고 따라서 사용하세요.

4
1승 4패 그리고 새로운 AI 붐

'Ideogram'이 생성한 인간과 바둑을 두는 로봇

많은 이들이 기억하는 2016년, 구글의 '딥마인드'가 개발한 '알파고(AlphaGo)'는 바둑기사 이세돌 9단을 상대로 4승 1패라는 기록을 세우며 인간을 이긴 AI의 존재를 전 세계에 각인시켰습니다. 바둑은 그 복잡성과 변수의 다양성으로 인해 인간의 창의적 사고와 직관이 필수적인 게임으로 여겨져 왔습니다. 체스나 장기와 같은 게임은 구조화된 규칙과 전략으로 인해 이미 AI에게 승리를 내어준 지 오래였으나 바둑만큼은 인간의 영역으로 남아 있을 것이라는 기대가 있던 것이죠. 하지만 알파고의 승리는 이러한 예상을 뒤엎었고 새로운 가능성을 열어준 상징적인 사건이었습니다.

알파고의 승리는 AI가 어디까지 발전할 수 있는지를 보여준 충격적인 사건이었지만 그 후 몇 년 동안 AI는 여전히 연구실과 산업 영역에서 주로 활용되며 실생활에서는 그 변화를 크게 체감할 수 없는 미미한 수준이었습니다. 바둑을 정복한 AI는 뉴스의 헤드라인을 장식했지만 대부분의 사람들에게는 그저 추상적이고 먼 미래의 기술로 느껴졌습니다. 사람들의 관심은 짧았고 'AI의 겨울'이 다시 시작된다 싶었죠.

그러던 중 2022년 말 '챗GPT-3.5'의 등장으로 상황이 급격하게 변하기 시작했습니다. 이전의 AI가 특정한 작업에 초점을 맞췄다면 '챗GPT'는 사람과 자연스럽게 대화하며 정보를 제공하는 새로운 차원의 가능성을 열었고 가장 중요한 건 사람들이 직접 체감하고 활용할 수 있는 기능을 제공했습니다. '챗GPT'의 확산은 새로운 기술에 민감한 초기 사용자들의 유튜브나 X(트위터)와 같은 SNS를 통해 더욱 가속화되었고 뉴스에서도 신문에서도 '챗GPT'가 언급되며 AI 붐이 다시 시작됐습니다.

특히 미국의 여러 대학에서 '챗GPT'를 활용한 과제 제출 사례가 큰 화제가 되었는데 교수들이 전혀 눈치를 채지 못했을 뿐 아니라 높은 점수를 받으며 'AI가 대학 과제를 대신해주는 시대가 열렸다'는 기사가 뉴스와 SNS에 빠르게 퍼져나갔고 AI의 새로운 기능에 대한 상징적인 일화가 되었고 윤리적 사용에 대한 논의가 본격적으로 시작되는 계기가 되었습니다.

새로운 기술이 등장할 때 그 정보는 SNS를 통해 전 세계에 빠르게 알리는 매개체가 됩니다. 하지만 이 과정에서 새로운 시장을 발 빠르게 선점하고자 본인도 소화가 되지 않은 채 정보를 전달하거나 조회수를 높이고 별도의 강의와 같은 수익 창출을 목적으로 주력하기 때문에 정보의 질보다 속도가 우선시되는 경우가 꽤 많습니다. '챗GPT'의 초기 확산 역시 마찬가지였습니다. 자칭 '전문가'들이 단순한 사용법을 보여주며 경쟁적으로 조회 수를 끌어모았습니다. 저 역시 이러한 콘텐츠들을 찾아다니며 '이게 AI야?' 실망감을 많이 느꼈습니다. 저와 같이 흥미를 가지고 시작한 사용자들에게 AI가 별 것 아니라는 인식을 심어주기에 충분했고 단편적인 정보로 인해 AI

에 대해 단정짓게 됐다면 그 기술의 가능성을 제한하는 데 일조했을지 모릅니다. 하지만 '챗GPT'는 단순한 유행으로 끝나지 않았습니다. 초기의 '전문가 버블'을 넘어 그 가능성이 확인되기 시작했고 '자칭 전문가'들은 어느새 정말 버블처럼 사라졌습니다.

AI의 대중화는 기존의 기술 생태계를 뒤흔들기 시작했습니다. 특정 기술이나 플랫폼이 독점적인 지위를 유지할 수 있었지만 지금의 경쟁은 훨씬 더 치열한 양상을 띠고 있습니다. AI붐이 일어나면 다양한 AI모델과 플랫폼이 빠르게 시장에 진입했고 구글, 마이크로소프트 그리고 한국의 네이버 같은 기업들이 새로운 패러다임을 제시하고 있습니다.

단순히 새로운 기능을 넘어서 기존의 규칙을 바꾸고 새로운 규범을 만들어내고 있습니다.

"AI가 만들어내는 새로운 규칙 속에서 어떤 역할을 하시겠습니까?"

5

AI(인공지능)란 무엇일까요?

(출처: 픽사베이)

이 책에서는 AI에 대해 재미있고 쉽게 접근하는 것에 중점을 두고 있지만, 기본적인 지식을 가지고 있는 것이 중요합니다. 그래서 AI에 대한 기본 정보를 간단히 살펴보겠습니다.

천재인데 어린 아이

AI, 즉 인공지능(Artificial Intelligence)은 컴퓨터가 사람처럼 생각하고 학습할 수 있도록 하는 기술입니다. 쉽게 말해, AI는 데이터를 분석하고 패턴을 인식하며 문제를 해결하는 능력을 가진 똑똑한 컴퓨터라고 할 수 있습니다. 이러한 능력 덕분에 AI는 음성 인식, 이미지 인식, 자연어 처리, 자율주행 등 다양한 분야에서 활용되고 있습니다. 우리가 일상에서 자주 사용하는 스마트폰의 음성 비서나 추천 시스템들도 모두 AI 기술의 일환입니다. 아이폰의 시리(Siri), 삼성의 빅스비와 같은 음성 비서는 이미 우리 곁에 와 있었던 AI의 대표적인 예입니다.

하지만 AI 교육을 진행해보면, 많은 사람들이 영화 속에서 보듯 인간과 거의 구분이 가지 않는 지능형 로봇을 상상합니다. 사실, 현재의 AI는 그 단계에 도달하지 않았습니다. 우리가 흔히 상상하는 AI는 아직 현실과는 거리가 있습니다. 지금의 AI는 특정 작업을 잘하는 '똑똑한 도구' 정도로 생각할 수 있습니다.

IT커뮤니케이션 연구소의 한 인터뷰에서 '챗GPT'에 대해 "'챗GPT'는 마치 천재적인 두뇌를 가진 어린아이와 같다"고 말하며, 이 AI를 잘 활용하기 위해서는 사용자가 어떻게 질문을 던지고 대화를 이끌어가는지가 중요하다고 설명했습니다. 생성형 AI인 '챗GPT'는 사용자가 던지는 질문에 따라 답변이 달라지기 때문에, 적절한 질문을 던지고 AI를 얼르고 달래듯 상호작용을 잘 이끌어내는 사람이 더 나은 결과를 얻을 수 있다는 것입니다.

이 비유는 '챗GPT'라는 강력한 도구를 통해 더 나은 답변을 도출해내는 방법을 배우는 것이 중요하다는 메시지를 전달합니다. 이러한 방법을 배우기 위해서는 가장 기초적인 '프롬프트'에 대해 이해해야 하며 프롬프트 작성 능력은 AI를 사용하는데 있어 매우 중요한 역할을 합니다. 그 작성 능력이 뛰어난 사람을 '프롬프트 엔지니어'라고 부릅니다.

연봉 억대 프롬프트 엔지니어?

프롬프트 엔지니어라는 새로운 직업은 AI의 확산과 함께 주목받으며, 'AI와 대화만 잘하면 연봉이 억대'라는 기사들이 쏟아졌습니다. 그러나 불과 몇 달 후, 실리콘밸리에서는 프롬프트 엔지니어의 대량 해고 소식이 전해졌습니다. 이는 AI가 기본적인 프롬프트 작성조차도 더 잘 수행할 수 있다는 것이 검증되었기 때문입니다.

그렇다고 프롬프트 엔지니어라는 직업이 사라진 것은 아닙니다.

현재 AI는 맥락을 이해하고 사용자의 의도를 파악하여 기본적인 프롬프트 없이도 스스로 해결할 수 있지만 AI기술이 발전하고 특정 작업에 대한 요구가 복잡해짐에 따라 프롬프트 엔지니어링은 여전히 중요한 역할을 하고 있습니다. 특히 AI 시스템을 특정 작업에 맞게 최적화하고 모델을 개선하는 데 프롬프트 엔지니어링은 필수적입니다.

결국 프롬프트 엔지니어라는 AI시대의 새로운 직업은 단순한 대화 수준의 프롬프팅을 넘어 AI의 잠재력을 극대화하고 새로운 기술적 한계를 깨뜨리는 핵심 역할을 맡게 될 것입니다. 기본적인 프롬프트 작성 능력만으로 경쟁력을 유지하기 어렵고 살아남는 엔지니어들은 AI의 특성과 한계를 깊이 이해하고 고급 프롬프트 설계와 복잡한 시스템 최적화를 수행할 수 있는 능력을 갖춘 전문가들이 될 것입니다. 프롬프트 기법은 우리가 현재 사용하는 AI를 잘 다루기 위해 나온 방법이지만 현재의 발전 속도로 보아 'AI 엔지니어'라는 직업이 나올 수 있지 않을까 생각해봅니다.

Part 2

AI와 인간의 상호작용

1
AI를 잘 다루는 사람은?

"AI를 잘 다루는 사람은 AI가 할 수 있는 것과 없는 것을
구분할 줄 아는 사람입니다."

그렇기 때문에 이런 개념들에 대해 알고 활용하는 것이 아주 중요한데요. 막연하게 영화 속 사람 같은 로봇을 상상하는 것이 아니라 현재의 상태와 발전되고 있는 과정 그리고 앞으로 어떻게 변화할지에 대해 알아보겠습니다.

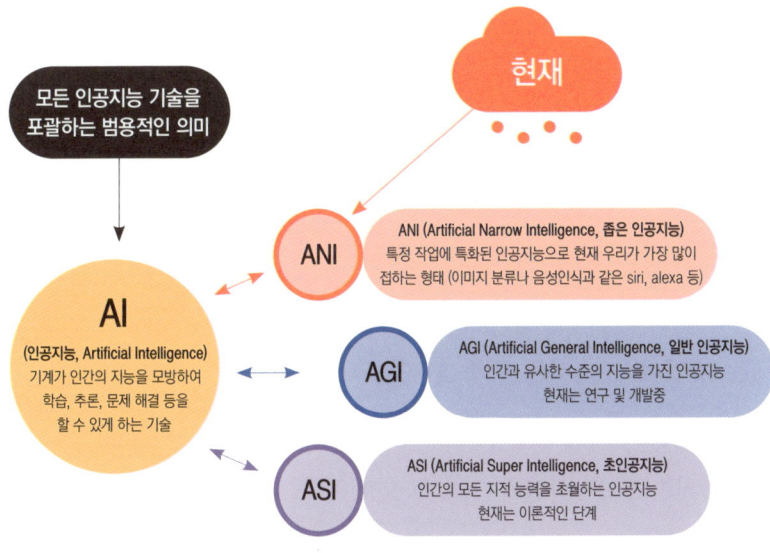

ANI

포괄적으로 AI라고 부르지만 세부적으로는 여러 가지 단계가 존재합니다. 그중에서도 가장 큰 단락으로 현재(ANI), 목표(AGI), 그리고 미래(ASI)로 구분할 수 있습니다. 현재 우리가 사용하는 인공지능은 좁은 인공지능(Artificial Narrow Intelligence, ANI)이라고 불리며, 특정 작업에 특화된 형태의 AI입니다. 예를 들어, 음성 인식, 이미지 분류, 추천 시스템 등은 모두 ANI의 범주에 속합니다. 이러한 인공지능은 특정한 문제를 해결하는 데 있어 뛰어난 성능을 발휘하지만, 그 범위를 넘어서는 일을 할 수는 없습니다. ANI는 현재 우리의 일상과 산업 전반에서 매우 중요한 역할을 하고 있지만, 그 한계 또한 명확합니다.

AGI

한편, AGI(Artificial General Intelligence)는 사람처럼 다양한 지적 작업을 수행할 수 있는 일반 인공지능을 의미합니다. AGI는 특정 영역에 국한되지 않고, 언어 이해, 문제 해결, 학습 능력 등을 종합적으로 수행할 수 있는 인공지능으로, 마치 인간과 같은 사고 능력을 지니고 있는 것입니다. 이것은 현재 AI 연구자들이 궁극적으로 도달하고자 하는 목표지만 아직 이론적 단계에 머물러 있으며 현실적으로 구현되기까지는 많은 시간과 기술적 발전이 필요합니다. 다만 인공지능 기술의 발전 속도가 우리의 예상을 뛰어넘고 있기 때문에 AGI가 생각보다 빠르게 현실화될 가능성도 배제할 수 없습니다.

ASI

ASI(Artificial Super Intelligence)는 AGI를 넘어서는 초지능을 의미합니다. ASI는 인간의 모든 지적 능력을 초월하는 인공지능으로, 인간의 창의력, 학습 능력, 문제 해결 능력 등을 훨씬 뛰어넘는 수준입니다. ASI는 현재의 기술 수준에서는 거의 불가능에 가까운 개념이고 미래의 한 상상에 불과하지만 이론적으로 가능하다고 가정한다면, ASI는 인간 사회의 근본적인 변화를 초래할 것이고 인류의 마지막 발명품이 될 것 입니다.

이처럼 ANI, AGI, 그리고 ASI는 각각 다른 수준의 인공지능을 나타내며, 우리가 현재 접하고 있는 AI는 주로 ANI에 해당합니다. 따라서 AI에 대해 배울 때는 현실적인 기술 수준과 미래의 가능성을 구분하는 것이 중요합니다. 현재 AI는 AGI로 나아가는 초기 단계에 있으며, ASI는 아직 이론적인 가능성에 머물러 있습니다. 이러한 개념들을 명확히 이해하고 사용하는 것이 우리가 AI를 더 잘 다루고 활용하는 방법입니다.

GPT모델은 현재 ANI에 속하지만 발전에 따라 AGI 또는 ASI로 발전할 가능성이 있습니다.

위의 언급대로 AI를 잘 다룰 줄 아는 사람은 AI가 할 수 있는 것과 할 수 없는 것을 명확히 이해하는 사람입니다. 현재의 AI는 특정 작업에 있어서는 사람을 능가할 수 있지만, 그 한계를 넘어서는 일반적이고 창의적인 문제 해결에서는 아직 많은 제약이 있습니다. 따라서 AI를 잘 활용하기 위해서는 그 가능성과 한계를 분명히 알고, 어떤 작업을 AI에게 맡기고, 어떤 부분을 인간이 직접 수행해야 하는지를 구분하는 것이 필수적입니다. AI는 이제 더 이상 공상과학 소설 속 이야기가 아닌 우리 일상의 중요한 일부가 되었습니다.

2015년, SF계의 노벨상이라 불리는 휴고상을 아시아 최초로 수상한 중국 작가 류츠신의 소설 《삼체》. 그 소설을 원작으로 한 넷플릭스 시리즈에서는 인류보다 기술력이 한참 앞서 있는 삼체인들이 지구를 점령하기 위해 오고 있고 도달하는데 400년이 걸린다는 사실을 알게됩니다. 하지만 그들은 인류의 발전속도를 지켜보고 400년 동안 얼마나 기술적으로 발전할지에 대해 염려하며, 그 결과 자신들이 인류와 대적할 수 없게 될지 모른다는 걱정을 하게 됩니다. 이 장면을 보며 현재 우리의 AI 발전 속도에 대해 생각하게 되었습니다.

불과 몇 년 전만 해도 상상조차 어려웠던 기술들이 이제는 우리 삶의 일부가 되어가고 있습니다. AI의 급격한 발전은 우리의 예측 범위를 넘어섰으며, 심지어 빌 게이츠와 같은 기술의 선두주자조차도 그 속도를 따라잡기 어려울 정도입니다. 인공지능은 기계 학습에서부터 창의적인 문제 해결 능력까지 진화하며, 우리의 일상과 산업 전반에 깊이 스며들고 있습니다.

특히, 현재 이론조차 불명확한 ASI(초인공지능) 시대가 도래할 가능성도 이제 먼 미래의 이야기가 아닌 것처럼 느껴집니다. AI 연구자들과 기술 전문가들은 초인공지능의 출현 시점에 대해 다양한 의견을 제시하지만, 그 도래가 언제일지는 아무도 정확히 알 수 없습니다. 그러나 분명한 것은 현재 AI의 발전 속도가 과거의 어떤 기술 혁신보다도 빠르다는 점입니다. 이는 마치 삼체인들이 400년 후 인류의 잠재적 위협을 염려했던 것처럼, 우리가 기술의 미래에 대해 품는 기대와 동시에 느끼는 두려움을 떠올리게 합니다.

2
반드시 필요한 윤리적 통제

너무 빠른 현재 진행형 (출처: 넷플릭스시리즈 '삼체' 공식 포스터)

결국, 이러한 빠른 발전은 우리에게 도전과 책임을 동시에 제시합니다. 기술이 가져올 혜택을 최대한 활용하면서도, 그것이 인간에게 미치는 영향과 윤리적 문제에 대해서는 깊이 고민해봐야 합니다. 우리는 초지능 AI가 가져올 수 있는 긍정적인 변화를 기대하면서도, 그 잠재적 위험성에 대해 신중하게 접근해야 합니다. AI는 교육, 의료 등 큰 발전을 가져올 수 있지만, 그 과정에서 윤리적 통제와 규제의 필요성 또한 간과할 수 없습니다.

삼체인들이 인류의 발전을 두려워했던 것처럼, 우리도 우리가 만들어가는 AI와 그에 따른 미래에 대해 어떻게 책임질 것인지 깊이 생각해야 할 시점에 있습니다. 기술의 발전은 그 자체로 놀라운 가능성을 열어주지만, 그 가능성을 어떻게 사용하고 관리할지는 전적으로 우리의 몫입니다.

"당신의 일자리 빼앗는 건 AI아닌 AI 잘 다루는 사람"

-NVIDIA CEO 젠슨 황- 국립대만대 졸업식 연설

결국 AI의 발전은 단순한 기술 경쟁이 아니라 인간 사회와 미래를 변화시키는 중요한 요소입니다. 젠슨 황이 언급한 것처럼 AI를 잘 다루는 사람이 미래를 선도해 나가겠지만 AI의 통제 가능성과 윤리적 문제를 절대 간과해서는 안 됩니다.

카이스트 김대식 교수는 그의 강연에서 양대 기업이 AI 기술의 위험성을 인지하고 있음에도 불구하고 서로 경쟁에서 뒤처질까 두려워 개발을 멈추지 못하는 현실을 지적했습니다. 기업들은 이 경쟁에

서 앞서기 위해 리스크를 감수하고 있으며 이것은 AI가 우리 사회에 미칠 영향에 대해 깊이 고민해야 하는 이유입니다.

AI의 발전속도가 빠른 만큼 그 책임 또한 무겁다는 사실을 잊지 말아야 합니다.

3
가전제품의 편리함 속에 불편한 진실

AI 기술은 이제 우리 가전제품에도 깊숙이 스며들고 있습니다. 로봇청소기는 사용자의 외출시간을 감지해 집안 곳곳을 청소하며 동선을 기억하고 음성 인식이 결합된 스마트 냉장고는 내부 카메라를 통해 남아있는 재료를 분석하고 유통기한이 임박한 재료를 구분해 요리를 추천합니다. 스마트 세탁기는 세탁물의 상태를 분석해 최적의 세탁 프로그램을 추천하고 에어프라이어는 사용자의 음성 명령에 따라 조리 온도와 시간을 자동으로 설정합니다. 스마트홈 허브를 통해 모든 기기가 하나로 연결되고 음성 명령만으로도 조명, 온도 심지어 보안까지 손쉽게 제어할 수 있는 세상입니다.

그러나 이 편리함의 이면에는 주목해야 할 문제들이 존재합니다.

최근 한 뉴스에서는 AI 음성인식 기반 에어프라이어가 해킹당하는 사건이 보도되었습니다. "다른 것도 아닌 에어프라이어라니요" 단순히 요리를 돕는 기기일 뿐이라고 생각했던 '에어프라이어'가 사용자 대화와 같은 민감한 정보를 수집하고 제3자 플랫폼으로 전송한다는 사실은 충격이었습니다. 과거 스마트홈의 웹캠이 해킹되는 사건도 충격적이었지만 음성 인식 기술로 일상적인 대화를 취합해 플랫폼의 데이터로 활용한다는 발상은 정말 할말을 잃게 만드는 사건이었습니다. 이 사건으로 개인정보와 보안에 대한 경각심을 다시 한번 일깨워 주었습니다.

생각해보면 그렇습니다. 편리하자고 사용하는 로봇청소기는 사용자의 외출시간을 알고 집안 곳곳을 돌아다니며 내부 구조를 학습하니 악용된다면 심각한 보안 문제로 이어질 수 있습니다. 스마트 홈 허브 또한 집 전체의 기기를 제어할 수 있으니 보안에 취약한 상태라면 제어 불능에 빠질 수도 있습니다. 단순한 기기의 문제가 아니라 사용자의 프라이버시와 안전까지 위협할 수 있는 심각한 문제입니다. 그러니 단순히 편리한 기술로 끝낼 것이 아니라 우리의 데이터를 어떻게 다루는지에 대한 근본적인 질문을 끊임없이 던지며 기업들에게 답을 요구해야 합니다.

스마트폰의 음성인식 기능도 이와 비슷한 논란을 불러일으킨 바가 있습니다. 많은 사용자가 음성인식 기능을 활성화하지 않았음에도 불구하고 특정 대화를 나눈 후 해당 내용과 관련된 광고가 스마트폰이나 웹사이트에서 따라다니는 경험을 했습니다. 스마트폰이 사용자의 대화를 엿듣고 이를 기반으로 맞춤형 광고를 제공하는 것이 아니냐는 의혹을 불러일으킨 것이죠. 이것을 단순한 마케팅 알고리즘이라고 할 수 있을까요? 우리의 모든 대화가 잠재적인 광고 데이터로 사용되고 있다는 불법적인 증거가 아닐까요? 스마트폰의 음성인식 기능은 사용자의 프라이버시를 침해할 가능성이 있으며 이는 AI 기술이 가져올 수 있는 큰 위험 중 하나로 지목되고 있습니다.

스마트 가전제품을 안전하게 사용하기 위해서는 몇 가지 실질적인 방안이 필요합니다. 첫 번째로 사용자는 가전제품을 구매할 때 제품의 데이터 수집 정책과 보안 인증 여부를 꼼꼼히 확인해야 합니다. 많은 제조업체가 소비자에게 제품의 데이터 수집 방식을 투명하게 공개하지 않는 경우가 있는데 이에 대한 명확한 기준과 정보를 요구하는 것이 중요합니다.

두 번째로 제조업체가 기본적으로 제품의 보안을 강화하도록 법제화해야 합니다. 특히 AI 기반 제품의 경우 음성 데이터와 같은 민감한 정보를 암호화하거나 이를 외부 서버에 전송하기 전에 사용자의 명시적인 동의를 받는 프로세스를 마련해야 합니다. 제조 원가를 줄이기 위해 이에 소홀히 하는 기업에게는 강도 높은 법적 책임을 부과하는 것이 중요합니다.

세 번째로 스마트 가전제품은 주기적인 소프트웨어 업데이트를 통해 보안 취약점을 보완해야 합니다. 제조업체는 신속한 보안 패치와 지속적인 유지 보수를 통해 해킹이나 데이터 유출 위험을 최소화할 수 있어야 합니다. 사용자는 제품을 사용하는 동안 최신 버전의 소프트웨어로 업데이트하여 보완을 강화해야 합니다.

이건 아주 기본적인 조치들에 불과합니다. 가장 중요한 것은 제조 기업이 책임을 다 하는 것이 핵심이겠죠. 한편으로는 IT 보안업체들의 큰 기회가 될 수 있습니다. 현재 기업의 경우 데이터 보안을 위한 프로그램들이 많이 사용되고 있지만 개인의 경우는 그에 비해 취약한 편입니다. 물론 개인의 사용량이 적으니 비용이 많이 들어가는 문제가 있기 때문이겠지만 AI의 기술이 발전할수록 보안 프로그램에 대한 필요성이 커질테니 개인화된 보안 솔루션은 새로운 시장을 창출할 가능이 높습니다.

우리의 삶을 편하게 바꿔주는 스마트가전들은 날카로운 창과 같습니다. 그 창에 의해 프라이버시와 보안이 위협 받을 수 있는 양날의 검이죠. 이를 안전하게 활용하기 위해서는 데이터 보안과 사용자의 주의라는 단단한 방패가 필요합니다. 발전하는 기술의 혜택을 온전히 누리기 위해서는 창과 방패의 균형을 현명하게 유지하는 것이 필수적입니다.

Part 3

패러다임의 변화

1
패러다임의 변화

'챗GPT'는 대화형 인터페이스를 통해 사람들과 자연스럽게 소통하고, 복잡한 질문에 대해 깊이 있는 답변을 제시하는 등 실질적인 변화를 보여주었습니다. 이러한 혁신은 갑작스럽게 전 세계적인 AI 붐을 일으켰고 단순한 미래의 가능성에서 벗어나 현재 금융, 의료, 교육 등 다양한 분야에서 실질적인 변화를 이끌고 있습니다.

실질적인 변화를 가장 빠르게 느낄 수 있는 부분은 많은 양의 데이터를 빠르게 요약하거나 자연스러운 번역을 수행하는 등 '언어처리' 분야였습니다. 방대한 양의 정보를 처리하고 이해하는 능력 덕분에 복잡한 문서도 쉽게 분석하고 요약할 수 있어 생산성을 크게 높일 수 있고 번역 작업도 굉장히 잘 하는데 앞뒤의 맥락을 유지해서 자연스러운 번역작업을 놀라운 속도로 해냅니다. 또한 프로그래밍 분야에서도 '챗GPT'는 중요한 도구로 자리 잡고 있습니다. 초보 프로그래머들이 어려움을 겪는 복잡한 코드를 자동으로 생성하거나 버그를 디버깅 하는 등 코드 작성 과정에서 부딪히는 문제들을 해결하는데 큰 도움을 주고 있을 뿐 아니라 인간의 언어뿐 아니라 많은 프로그래밍 언어를 이해하고 있으며 프로그래머들의 시간과 노력을 절약할 수 있어 이미 없으면 안 될 필수 도구가 되었습니다.

버그 디버깅: 프로그램에서 발생하는 오류(버그)를 찾아내고 수정하는 과정을 말합니다. 프로그래머가 코드를 실행할 때 예상치 못한 결과가 나오는 경우, 이러한 문제를 해결하는 과정이 디버깅입니다.

1. 검색 시장에서의 패러다임 변화

구글과 네이버와 같은 검색 브라우저에서 궁금한 걸 검색할 때 다들 한 번쯤 겪어 보셨을 겁니다. 정작 알고 싶은 내용은 뒤로 밀리고 광고성 페이지나 엉뚱한 정보가 검색 결과 상위에 먼저 나오는 상황 말이죠. '챗GPT'를 검색하기 위해 입력하면 정작 원하는 오픈 AI의 챗GPT가 아닌 유사 서비스나 앱이 상단에 랭크되어 있는 경우입니다. 이러한 유사 서비스는 광고와 S.E.O(Search Engine Optimization, 검색 엔진 최적화)를 통해 상위에 노출되고 사용자는 원치 않는 페이지를 클릭하거나 시간을 낭비하게 됩니다.

(사진 출처: 센서타워)

이러한 구조는 단지 검색 엔진에만 한정된 문제가 아닙니다. 스마트폰의 앱스토어에서도 'GPT'를 검색하면 다른 회사에서 만든 유사 앱이 먼저 보이는 경우가 많습니다. 이런 상황은 웹이나 앱이 익숙하지 않은 사용자에게 큰 혼란을 줄 수 있고 잘못된 결제를 만드는 일이 생기기도 합니다. 실제로 '챗GPT'가 주목받았던 2022년 이후 유사 앱으로 인한 피해가 빈번히 발생해 이를 예방하기 위한 뉴스와 신문 기사가 여러 차례 보도되기도 했습니다.

그럼에도 불구하고 우리는 이러한 불편함에 익숙해져 있었습니다. 광고와 SEO를 기반으로 하는 검색 환경이 오랜 기간 표준처럼 자리 잡아왔기 때문입니다. 기업들은 자신들의 상품과 서비스를 상위에 노출시키기 위해 SEO에 맞춰 전략을 세웠고 사용자들은 이러한 광고 중심의 검색 결과를 어쩔 수 없는 부분이라고 생각하며 받아들여 왔습니다. 결국 불편함을 느끼면서도 대안이 없기 때문에 익숙해지며 계속해서 사용해 온 것이 현실입니다.

그런데 대화형 검색 AI가 등장하면서 이 상황이 빠르게 달라지고 있습니다. 퍼플렉시티(Perplexity)와 구버(Goover)와 같은 새로운 검색 AI는 기존의 키워드 중심의 검색과 다른 방식으로 작동합니다. 단순 키워드가 아닌 문장 형식의 검색이 가능하고 전체의 맥락을 파악해 사용자가 원하는 적합한 정보를 제공합니다.

"아이들과 함께 일본 여행"

같은 질문을 넣었을 때 기존의 검색 엔진에서는 광고나 SEO로 최적화된 페이지가 노출되기 때문에 많은 양의 정보성 페이지를 다녀보고 가볼만 한 곳, 숙박, 비행기 등의 정보를 취합해야 했습니다. 하지만 검색AI는 질문의 맥락을 파악해 아이와 함께 방문하기 좋은 장소나 가족 여행을 위한 준비물과 현지 교통편과 식당 등을 추천해주는 등의 진짜 알고 싶은 내용을 요약해 바로 제공해줍니다. 마치 검색 엔진을 사용할 때 불필요한 클릭이나 광고 페이지들을 거치지 않기 위해 많은 사람들이 검증된 장소나 맛집을 찾아 인플루언서의 페이지를 참고하는 것과 유사합니다.

결국 이러한 변화는 검색 시장의 기존 패러다임을 깨부수고 사용자 중심의 새로운 방식으로 전화되고 있음을 보여줍니다. 맥락을 이해하고 진짜 답변을 제공받는 방식으로 진화하고 있는 것이죠.

우리는 오랜 시간 불편함에 익숙해져 있었고 그 불편함은 이제 '과거'가 되었습니다.

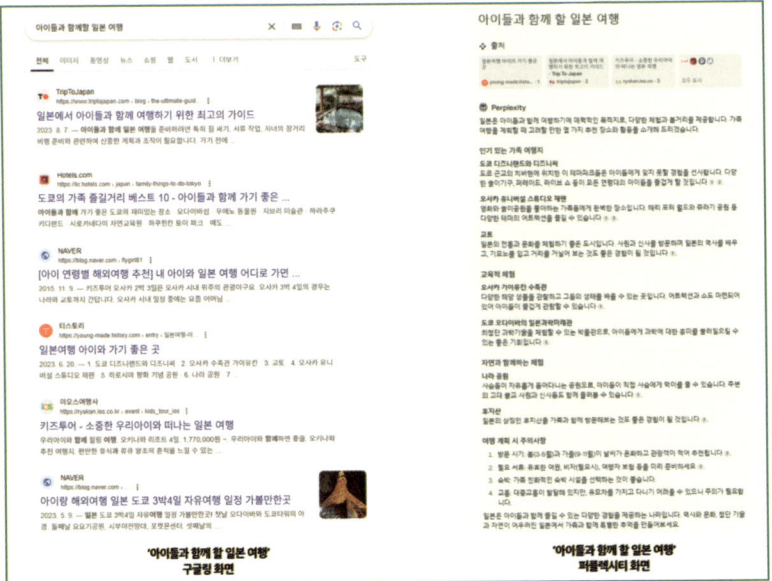

검색 AI = 나만의 인플루언서

이러한 패러다임의 변화로 인해 '구글'이라는 아성이 무너지고 있습니다. 더 이상 구글로 정보를 검색하는 단어인 '구글링'이 아닌 '검색'을 하고 있고 현재 60% 안팎의 점유율을 유지하고 있지만 지금의 흐름으로는 곧 50% 이하로 떨어질 것이라는 예측이 많이 나오고 있습니다.

2
온디바이스로의 패러다임 변화

최근 스마트폰에 도입되고 있는 '온디바이스 AI'가 주목받고 있습니다. 기존의 스마트폰이나 컴퓨터에서는 AI 기능을 사용하기 위해서는 반드시 인터넷에 연결되어야 했습니다. 우리가 음성 명령을 내리거나 사진을 분석할 때도 모든 정보가 클라우드 서버를 거쳐야 했기 때문인데 온디바이스가 이루어지면 별도의 서버를 거치지 않고 인터넷 연결이 없이도 기기 내에서 AI가 필요한 작업을 빠르게 처리할 수 있고 반응 속도도 훨씬 빨라지고 개인정보가 외부로 나가지 않으니 보안 면에서도 훨씬 안심하고 사용할 수 있습니다.

온디바이스 AI는 단순히 명령을 수행하는 수준을 넘어 사용자의 맥락과 의도를 이해하고 복잡한 요청에도 대응할 수 있다는 점에서 큰 변화를 보여줍니다.

　기존에는 Siri나 Google Assistant에게 "Siri야, 사진첩 열어줘" 같은 단순한 명령만 내릴 수 있었습니다. 하지만 온디바이스 AI가 탑재된 스마트폰에서는 "Siri야, 지난 겨울에 휴가 갔을 때 찍은 사진 중 식당에서 찍은 사진 좀 보여줘" 같은 구체적인 요청도 처리가 가능합니다. 이것은 단순히 기능을 실행하는 것을 넘어서 AI가 사진의 위치 정보나 시간 그리고 사진 속의 특징들을 분석하여 맥락에 맞춰 사용자가 원하는 결과를 정확히 제공할 수 있게 됩니다.

　하루를 돌아보면 아주 사소한 일이지만 매일 시간이 소비되고 반복되는 루틴이 있다면 AI를 통해 자동화가 가능해집니다. 매일 아침 커피를 사는 습관이 있다면 즐겨 찾는 카페에 온라인으로 주문을 넣고 결제까지 완료한 뒤 알림을 줄 수 있습니다.

　'아침 모닝 커피 주문을 완료했어요. 카페에 도착하면 바로 픽업할 수 있습니다.'

　이처럼 단순해 보이는 알림 하나가 시간을 절약하고 삶을 조금 더 편리하게 만들어 줄 수 있습니다. 하루를 한 번 돌아보고 아주 사소해서 습관이 되어 있는 반복되는 일들이 뭐가 있는지 생각해보세요. 곧 변화가 시작되고 그 사소한 루틴 한 가지를 AI에게 맡겨둔다면 누구에게나 똑같은 시간이지만 남들과 다른 시간을 사용할 수 있을 것입니다.

찰스 다윈

"가장 능력 있는 사람은 시간을 가장 효율적으로 사용하는 사람이다."(A man who dares to waste one hour of time has not discovered the value of life.)

자동화 기능뿐 아니라 온디바이스의 변화는 사용자의 목소리 톤과 얼굴 표정 그리고 행동 패턴 등을 분석해 기분을 이해하고 이에 맞는 적절한 제한을 할 수 있게 됩니다. 사용자가 피곤한 목소리로 '오늘 정말 힘들다'라고 말 한다면.

'오늘 기분이 좋아 보이지 않네요. 좋아하는 플레이리스트를 틀어드릴까요?'
'잠시 산책이나 스트레칭을 해보는 건 어때요?'

상황에 따른 제안을 하게 될 것이고 더 나아가서 특정 단어가 언급 됐을 때 심각한 신호로 인식하고 즉각적인 도움을 제공하거나 지원을 받을 수 있도록 연결해 줄 수 있습니다.

'당신의 이야기를 들어줄 사람이 필요하다면 연결을 도와드릴게요.'

온디바이스가 안정화 된다면 자살 예방과 같은 심각한 문제를 다루는 데 큰 역할을 할 수 있고 이런 변화들은 이미 진행 중입니다. 애플에서는 'Apple Intelligence'라는 온디바이스 AI 기능을 도입했고(2024년 11월 15일 기준 현재는 미국에서만 사용이 가능합니다.) 새로운 변화를 만들어가고 있습니다. 글 다듬기나 알림 또는 메일 요약 등의 기능과 siri와의 자연스러운 대화들이 가능해지며 사용자의 의도를 더 정확히 이해하고 반응할 수 있게 되었지만 아직 해결해야 할 문제가 남아있습니다. 그건 바로 '생성형AI' 시대가 도래하면서 끊임없이 제기되는 '할루시네이션'입니다. 미국 현지에서 'Apple Intelligence' 사용자들은 자신들이 겪은 '할루시네이션' 사례들을 SNS에 공유하고 있습니다. 하지만 이미 챗GPT-3.5 등장과 함께 한번 경험했던 문제이기 때문에 머지 않은 시간에 지속적인 업데이트와 함께 개선이 될 것이라 예상합니다.

삼성 또한 온디바이스 AI의 변화에 이미 올라탔습니다. 갤럭시 S24 시리즈에는 구글의 AI 모델 제미나이(Gemini Pro) 프로가 탑재되었습니다. 스마트폰 내에서 요약과 분석작업 그리고 번역 기능에 강점을 두고 있지만 애플과 마찬가지로 아직 온전한 온디바이스 AI라고 부르기에는 미비하고 개선해야 할 점이 많이 남아있습니다.

이 정도의 기능만으로는 '패러다임의 변화'라 부르기에 충분하지 않을지도 모릅니다. 진정한 패러다임의 변화는 완전히 새로운 경험을 만들어내는 디바이스가 등장할 때 이루어집니다.

현재 스마트 안경과 같은 웨어러블 기기에 AI를 탑재하려는 시도가 활발히 이루어지고 있고 AI의 적용 범위를 넓히며 우리 일상 속에서 살아가는 방식을 완전히 바꾸는 전환점이 될 것입니다. 그렇게 된다면 컴퓨터에서 스마트폰으로의 패러다임의 변화와 같이 단순히 스마트폰의 연장선이 아닌 완전히 새로운 방식으로 정보를 제공하게 됩니다. 스마트 안경이 그 혁신의 디바이스가 된다면 렌즈 위에 실시간 길 안내가 가능한 내비게이션이 탑재될 겁니다. 해외 여행 중에는 외국어 표지판의 번역을 실시간으로 제공하거나 대화 내용을 자막처럼 표시해 언어 장벽을 허무는 데 활용이 될 수 있겠죠. 이러한 기능들은 '스파이더맨 : 파 프롬 홈'과 같은 영화에서 나오는 '이디스'와 같은 역할을 하는 에이전트가 현실이 되는 것이죠. 왜 안경일까요? 최근 한 강연에서 카이스트 김대식 교수가 한 이야기의 일부를 인용합니다.

"멀티모달이 정말 제대로 된 사회라고 하면 우리가 이렇게 (핸드폰 카메라로 세상을 비추며) 하고 다닐까요 하루 종일? 아닐 것 같아요. 만약에 우리가 문어라면 팔이 여덟 개니까 그 중에 하나 휴대폰 들고 다녀도 큰 문제가 없는데 우리 인간은 영장류라 팔이 두 개뿐이 없어요. 그럼 팔 두 개 중 하나인 50%를 카메라를 비추는 데 쓴다라는 게 말이 안 되고 또 하나는 휴대폰이 대부분 호주머니 안에 있거나 가방 안에 있어서 세상을 볼 수가 없어요. 멀티모달 생성용 AI가 시작되는 순간 휴대폰의 시대가 끝나가기 시작했다는 거에요. … 메타가 지금 제일 신났어요 멀티모달 생성형 인공지능 시대에는 휴대폰 아니고 안경이래요. 이게 정답이란 얘기가 절대 아닙니다. ….”

안경이 정답은 아닐 수 있습니다. 하지만 확실한 건 반드시 변화가 있을 것이라는 이야기죠. 컴퓨터가 처음 등장했을 때 우리는 몰랐습니다. 책상이 아닌 지하철에서 신문이나 영화를 볼 수 있고 스마트폰 하나로 지구 반대편의 사람들과 실시간으로 소통할 수 있게 되리란 것을. 이 책을 읽고 계신 시니어 분이라면 과거에도 변화의 시기가 있었고 그 시기가 새로운 기회로 이어졌다는 것을 누구보다 잘 아실 것입니다. 제가 시니어 대상 강의를 할 때 항상 하는 이야기가 있습니다. '이 불편한 AI는 젊은 세대보다 시니어분들에게 더 좋은 기회가 될 수 있습니다.'

젊은 세대는 스마트폰이나 태블릿 그리고 웹서비스 등 다양한 디바이스와 프로그램에 익숙합니다. 새로운 기술을 쉽게 받아들이고 활용하는 것 또한 마찬가지죠. 하지만 과거의 변화가 어떻게 시작되고 진행됐는지에 대한 실질적인 경험은 부족합니다. 반면 시니어들은 디지털 기기나 기술을 다루는데 어려움을 느낄 수 있지만 세상이 변화해 온 과정을 몸소 겪으며 축적한 경험이 있습니다. 이 차이는 단점으로 보일 수 있지만 서로 보완할 수 있는 강력한 기반이 될 수 있습니다. 세대 간의 대화를 시작해 보세요. 기술과 경험 그리고 속

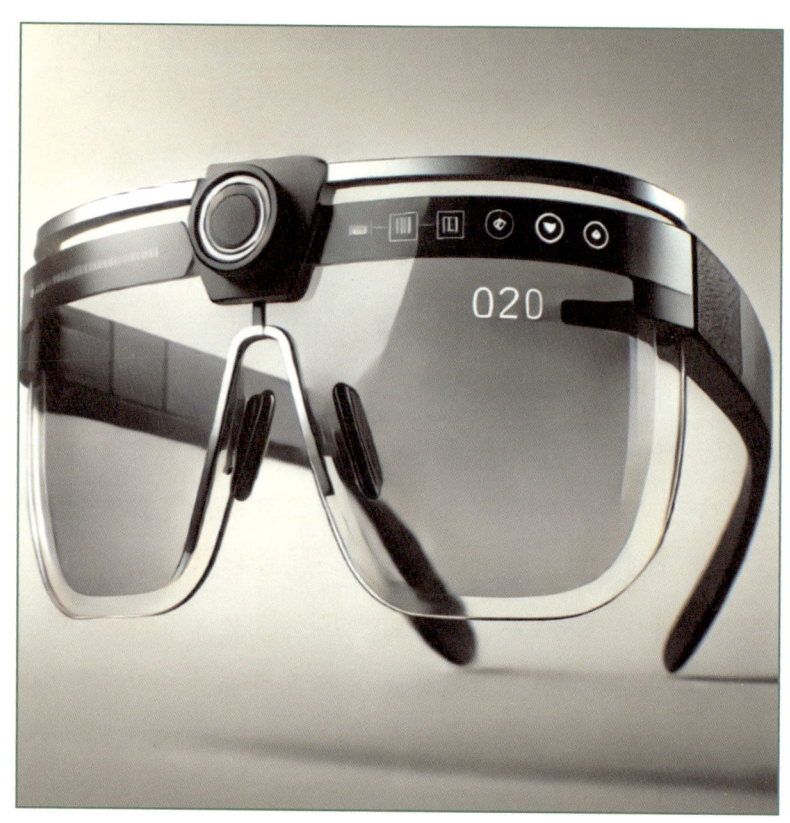

불변한 AI 사진 DALL-E가 표현한 온디바이스 AI 안경

도와 깊이가 만난다면 새로운 가능성과 기회는 열릴 수밖에 없습니다.

3
의료와 제약 분야의 패러다임 변화

의료와 제약 분야 역시도 AI는 큰 패러다임의 변화를 일으키고 있습니다. 진단부터 진료 그리고 신약 개발까지 다양한 영역에서 새로운 가능성을 열고 있습니다.

**병을 더 빨리 찾아내고
환자에게 꼭 맞는 치료를 추천하며
새로운 약을 만드는 데 중요한 역할을 합니다.**

병원에서 찍은 X-ray나 CT 사진을 분석할 때 사람이 놓칠 수도 있는 작은 이상을 AI는 빠르게 발견할 수 있고 환자에게 딱 맞는 치료 방법을 추천하기도 합니다. 유전자 정보를 분석해서 어떤 약이 효과학적인지 제안할 수도 있습니다. 환자 개인의 특정 유전적 특성을 바탕으로 치료 가능성이 높은 약물을 추천하거나 부작용을 최소화할 수 있는 대안을 제시할 수 있는 것이죠.

실제로 구글의 DeepMind는 이미 2018년 '당뇨병성 망막병증'을 진단하는 AI를 개발해 기존 방식보다 빠르고 정확하게 이상을 감지했고 후속 연구들이 진행됐습니다.

최근 월간 임상의학 학술지인 THE MOST의 인터뷰에서는 AI가 실명질환을 조기에 진단하는 데 큰 역할을 하고 있다는 기사가 실렸습니다. 〈AI를 활용한 실명질환 조기진단 환자, 임상의 위한 윈윈전략〉이라는 기사에서는 초기 증상이 없어 실명으로 이어질 수 있는 안질환을 조기에 진단해 예방할 수 있는 사례들을 다뤘습니다. 특히 AI가 의사를 대신하는 것이 아니라 의사를 돕는 보조 도구로서 오진율을 줄이고 의사와 협력해 환자 치료에 기여한다는 점이 강조되었습니다.

기사의 마지막 질문과 답변에 우리가 AI를 대하는 자세에 대한 인식에 100% 동의되는 부분이라 인용합니다.

Q : AI 진단에 대한 오진 문제 등 책임 소재는?

A : 오진에 대한 책임은 당연히 의사에게 있다. AI가 없던 시절에도 오진은 존재했다. 그렇지만 AI가 도입되면 오진율을 줄이는 데 도움이 될 수 있어서 오히려 의사에게 필요한 시스템이라고 생각한다.

다만 AI는 보조 도구일 뿐 최종적인 진단은 의사가 내리기 때문에 그에 대한 책임은 의사가 지는 것이 맞다.
https://www.mostonline.co.kr/news/articleView.html?idxno=100024

제약 분야 역시 AI를 가장 활발히 활용하고 있는 영역 중 하나입니다. 새로운 약을 만드는 데 드는 시간과 비용을 절감해주고 수많은 데이터를 분석해 신약 후보 물질을 찾아내고 임상시험에 대한 확률을 높여줍니다. 한 조사에 따르면 AI가 추천한 약물 후보 67개 중 24개가 임상시험에 들어갔고 그 중 21개가 성공했습니다. 이것은 기존의 방식보다 시간과 비용을 50% 이상 줄이면서 임상 성공률을 무려 87%로 끌어올린 성과입니다.
https://www.sedaily.com/NewsView/2DFI4Q8NEG

"인간이 풀지 못한 불치병
AI가 해결할 수 있지 않을까?"

하지만 이 질문은 단순한 기대가 아니라 현실로 다가오고 있습니다. 특히 암이나 알츠하이머와 같은 희귀질환은 여전히 인간이 해결하지 못한 난제들입니다. 하지만 AI는 방대한 데이터를 분석해 새로운 치료 방법을 제안하면서 도전하고 있습니다. 가장 효과적인 방법을 예측하고 새로운 치료 아이디어를 제안할 수도 있는 것이죠.

물론 의료와 제약 분야에서도 AI가 모든 문제를 해결할 수 있는 건 아닙니다. 개인정보 보호와 같은 윤리적 문제나 편향적 데이터로 인한 부정확한 진단 또는 AI가 제안한 치료 방법에 대한 책임 소재 등 해결해야 할 과제들도 많이 남아 있습니다.

4
자동화와 AI 로봇 : 일상과 산업을 바꾸는 변화

　최근 식당에 가면 서빙 로봇을 종종 볼 수 있습니다. 처음에는 과연 저 로봇이 얼마나 도움을 줄 수 있을까? 되려 불편하지는 않을까? 하는 회의적인 생각이 들었습니다. 조금 느린 움직임과 정해진 동선만 반복하는 모습을 보며 오히려 사람이 직접 하는 것이 더 빠르고 효율적이지 않을까 하는 생각이 들었습니다.

　하지만 시간이 지나면서 직원들의 동선을 서빙 로봇에 맞춰 바꾸고 사람이 하던 단순 반복 작업을 대신하면서 결국 인건비를 절감하고 생산성을 높이는 역할을 하고 있다는 것을 깨달았죠. 서빙 로봇이 테이블 간 음식을 나르거나 빈 접시를 옮기는 동안 직원들은 손님 응대나 서비스에 집중하며 효율성을 높이고 있었습니다.

이러한 변화는 식당뿐 아니라 공장, 물류 센터, 병원 등 다양한 산업 현장에서 활용되고 있고 테슬라나 월마트 같은 기업들도 적극적으로 도입해 효율성을 극대화하고 있습니다. 테슬라는 AI 기반 로봇을 제조 공정의 중심에 두고 자동차 조립 라인에서 정밀한 용접과 부품 조립 작업을 수행하며 사람이 하기 힘든 반복적이고 정교한 작업을 처리합니다. 거기다 실시간 데이터를 분석해 부품의 미세한 결함까지 감지하고 생산 속도는 기존보다 크게 높이면서 품질 문제를 최소화하고 있습니다. 월마트는 물류 창고에서 AI 로봇이 상품을 선별하고 배송 준비를 하는 과정을 자동화해 재고 관리와 배송 시간을 단축하고 매장에서는 청소 로봇과 자동 진열 시스템으로 매장 운영의 효율성을 높이는 도구로 사용되고 있습니다.

아마존의 '키바 로봇'은 창고 안에서 물건을 찾아 가져다줍니다. 기존에 사람이 걸어다니며 물건을 찾았지만 이제는 로봇이 지치지도 않고 일을 훨씬 빠르고 정확하게 해냅니다. 이외에도 건물 내 상주하면서 배송원이 전달해주는 물품을 건물 내에서 스스로 이동하고 엘리베이터 버튼을 누르고 입력된 곳까지 전달하는 배달 로봇의 상용화가 시작되고 있습니다.

최근 성남시에서는 판교역과 서현역 일대에 미리 지정해둔 장소까지 이동해 배달을 해주는 로봇을 시연한 바 있습니다. 보행자와 장애물을 피해 건널목을 건너고 도로 맞은편의 고객에게 '커피'를 성공적으로 배달해주는 모습은 많은 사람들의 이목을 끌었습니다.

　아직 가정이나 사무실까지 배달이 가능하지는 않지만 도심 환경에서 원활하게 작동할 수 있도록 설계되었습니다. 판교와 같은 복잡한 거리에서도 보행자와 장애물을 안전하게 피해가며 이동할 수 있는 능력을 갖추고 있어 비록 아직은 도심 내 특정 장소까지의 배달에 그치고 있지만 가정이나 사무실까지의 완전한 자율 배달 서비스로의 확장 가능성도 매우 커 보입니다.

5
교육 분야에서의 패러다임 변화

 기존의 교육은 학생 모두가 동일한 교실에서 같은 속도로 같은 자료를 배우는 방식이었습니다. 이 방식은 효율적으로 보일 수 있지만 학생 개개인의 학습 속도나 이해도를 고려해본다면 분명 한계가 있었습니다. 교실에 있는 한 명의 교사가 수십 명의 학생을 돌보며 각각의 요구를 맞추기는 현실적으로 불가능하기 때문입니다.

 그러나 AI는 학생 개개인의 학습 속도와 이해도를 분석해 맞춤형 학습 자료를 제공할 수 있습니다. 특정 개념에 대해 어려워하는 부분이 있다거나 잘 이해하지 못한다면 AI는 그 개념을 반복적으로 설명하고 학습 수준에 맞춘 예제를 더해 새로운 방식으로 접근하는 개인적인 맞춤 교육을 해주는 것이죠. 개인 성향으로 친구들의 눈치를 보느라 질문을 못 하거나 교사의 교육 방식에 따른 격차를 느꼈던 학생들에게 기회를 공평하게 제공할 수 있는 도구가 됩니다.

하지만 여기에는 양면적인 문제가 존재합니다. 개인화된 맞춤형 교육이 가져오는 이점에도 불구하고 학생 간 교류가 줄어들 가능성이 있습니다. 학생들이 각자 자신의 학습 환경에서 공부하는 시간이 늘어나면 자연스럽게 다른 학생들과의 상호작용이 줄어들 수 있기 때문입니다. 이는 학생 간 유대감을 형성하거나 협력 능력을 키우는 기회를 제한할 수 있다는 점에서 중요한 문제가 될 수 있습니다.

학교는 단순히 학문적 지식을 쌓는 곳이 아닌 공동체 의식을 배우고 다른 사람과 함께 성장하는 경험을 제공하는 공간이어야 합니다. 지나치게 개인화된 학습 환경에서는 이러한 본질적인 역할을 약화시킬 가능성이 있습니다. 그러니 교사의 역할 또한 이에 맞춰 변화해야 할 필요가 있습니다. AI가 개인화된 맞춤 학습을 담당하게 되면 교사는 학생들과의 소통을 통해 창의적인 사고와 정서적으로 성장할 수 있는 역할을 맡아야 합니다. AI가 제공하는 학습 데이터를 검토하고 학생들이 서로 협력하고 문제를 해결할 수 있는 기회를 만들어주며 '조정자'의 역할을 해야 합니다.

또한 맹목적으로 AI를 신뢰하지 않아야 한다는 점을 분명히 하기 위해서는 학교와 교사의 역할은 더욱 더 중요해집니다. AI가 추천하는 학습 계획은 항상 적합하지 않을 수 있기 때문에 학생과 교사가 이를 함께 검토하고 최적의 결정을 내릴 수 있어야 합니다. 그러기 위해서 'AI리터러시'는 교사들에게도 매우 필수적이고 중요한 역량이 됩니다.

커리큘럼과 같은 교육 과정에 대한 변화뿐 아니라 환경적인 요소도 변화가 일어날 것입니다. VR(가상현실)과 AR(증강현실)의 발전은 교육에서 새로운 가능성을 열어줄 것입니다. 역사 수업에서 학생들은 VR을 통해 고대 유적지를 탐험하거나 과학 수업에서 우주를 여행하며 지금까지와는 전혀 다른 방식으로 학습할 수 있습니다. 이러한 몰입형 경험은 단순히 지식을 암기하는 것이 아니라 학생들이 직접 경험을 통해 배우는 학습 환경을 제공할 수 있습니다. 또한 VR과 AR 기술은 장애를 가진 학생들에게도 교육의 문턱을 낮춰줍니다. 청각 장애가 있는 학생이라면 실시간 자막을 제공하고 시각 장애가 있는 학생이라면 텍스트를 음성으로 변환하여 전달하는 방식으로 교육의 접근성을 높일 수 있습니다.

AI의 발전으로 인한 교육의 변화는 많은 이점과 문제점을 갖추고 있는 양면성이 있습니다. 이 변화의 과정에서 사회적 합의를 통해 교사가 AI의 강점을 잘 활용할 수 있는 환경이 만들어진다면 교육의 질은 한층 더 높아질 수 있습니다.

6
창작과 예술 분야의 패러다임 변화

"예술은 사람만이 할 수 있는 고유의 영역일까요?"

예술은 인간의 상상력과 창의력을 바탕으로 발전해 왔지만 최근 AI가 창작의 영역으로 들어오며 창작과 예술에 대한 정의를 다시 고민하게 만드는 새로운 패러다임의 변화가 시작되었습니다.

이미지 생성 AI 미드저니(MidJourney)로 '만들어진' 그림 '스페이스 오페라 극장'은 한 미술 대회에서 디지털 예술 부문의 우승을 차지했습니다. AI가 만든 작품을 과연 예술로 인정할 수 있는가?에 대한 일부 의견이 분분했지만 이미 2년 전(2022년) 이야기입니다.

"붓칠 한 번 하지 않았다"

콜로라도 주립 박람회 미술대회의 신흥 아티스트 디지털/예술 사진 부문에서 1위를 차지한 제이슨 M. 앨런의 작품: Théâtre D'opéra Spatial(스페이스 오페라 극장).
2022 Jason M Allen / https://www.jasonmallen.com
(사진 출처: 채널PNU(https://channelpnu.pusan.ac.kr)

또 따른 흥미로운 사례로 세계 최초의 AI로봇 화가 아이다(Ai-Da)가 그린 작품이 유명 경매사 소더비(Sotheby's)에서 아주 고가에 판매되며 주목 받았습니다. 아이다는 인간처럼 붓을 잡고 그림을 그리며 철학적 주제를 다룬 작품을 만들어내는데 아이다의 작품은 기술과 예술의 경계를 허물고 많은 사람들에게 '창작의 주체란 무엇인가?'라는 질문을 던졌습니다.

영화계에서도 변화가 일어나고 있습니다. 최근 AI를 활용한 영화

소더비 경매에 낙찰된 아이다의 그림 'AI GOD' (사진 출처: 아이다 스튜디오)

제작과 관련된 영화제가 세계 곳곳에서 열리고 있습니다. 국내에서는 제1회 대한민국 AI국제영화제가 개최되어 2000건 이상의 작품이 접수되기도 했습니다.

한 영화 평론가는 인터뷰에서 이렇게 말했습니다.

"AI 영화제를 심사하며 느꼈던 건 이제 영화 제작에도 AI가 깊숙하게 들어올 수밖에 없다는 것이었습니다. 고비용이 드는 특수효과 장면들이 이미 저비용 고퀄리티로 제작되는 것을 보고 더 이상 막을 수 없는 흐름이라는 생각이 들었죠."

고퀄리티의 영상이나 특수효과들을 단시간에 생성할 수 있는 도구로 자리 잡아가고 있지만 인간의 고유한 감성과 창의성은 여전히 영화의 핵심 요소로 남아 있습니다. 대표적인 예로 크리스토퍼 놀란 감독은 기술이 제공하는 쉬운 선택지를 잘 알고 있음에도 아주 미세한 차이를 표현하기 위해 고전적인 방식으로 촬영하며 영화 제작에서 미학적 도전을 이어가고 있습니다. 그의 최근 영화 '오펜하이머'에서 실제 폭탄을 설치해 폭발 장면을 촬영한 사례는 단순한 특수효과를 넘어서는 현장감과 몰입감을 극대화하기 위한 그의 철학을 보여줍니다. 지금의 CG기술은 실제보다 더 실제 같은 재현이 가능하지만 '놀란' 감독은 현실감을 중요시하며 관객이 영화 속 세계를 '진짜'로 느끼게 하는데 집중합니다. 단순히 시각적 화려함이 아닌 영화의 생동감을 높이는 중요한 요소로 작용하기 때문이죠. AI 기반의 영화 제작도 CG와 비슷한 맥락에서 발전하고 있습니다. 초반에 CG가 도입되었을 땐 눈에 띄게 불편한 '티가 나는' 장면들이 많이 보이곤 했습니다. CG라는것을 인지 하면서 중요한 장면에 몰입이 깨지는 장면들이 분명 있었죠. 하지만 지금의 기술은 실제와 구분하기 힘들정도의 고퀄리티 특수 효과들이 만들어지고 있습니다. 그 초기의 기술과 마찬가지로 현재 AI가 제작하는 영상의 가장 큰 과제는 일관성입니다. 연속된 장면들 사이에서 캐릭터의 외모가 변하거나 물리 법칙에 어긋나는 상황이 발생하는 등 기술적인 보완이 필요한 부분이 많이 남아 있습니다.

오픈AI가 만든 'SORA'라는 영상 제작 AI는 장난감 회사 토이저러스(ToysRus)의 상업용 광고를 만들어 화제가 되었습니다. 저 영상을 '프롬프트'만으로 만들었다고? 놀랄 정도의 고퀄리티 영상이지만 누가 봐도 초기의 CG와 같은 '티'가 납니다. 하지만 자연스러운 스토리와 연출이 광고 업계에 신선한 충격을 준 것만은 분명한 사실이죠.

AI가 아무리 발전해도 '놀란' 감독은 그가 걸어온 길로 보아 그 기술을 적극 활용하지 않을 겁니다. 하지만 천부적인 재능이 있지만 기회가 없던 신인 감독에게는 이 기술이 자신을 세상에 선보일 아주 좋은 기회가 될 수 있습니다. 이것은 투표가 아닙니다. 둘 중 하나를 선택해야 하는 것이 아니라 하나의 새로운 길이 열린 것이죠.

"'둘 중 하나의 선택'이 아니라 새로운 길이 열린 것"

패러다임의 변화를 그린 DALL-E

82 불편한 AI

Part 4

언어와 AI

1
언어의 장벽은 어디까지 무너질까?

인공지능이 80개국의 언어를 할 수 있다는 표현을 한 DALL-E (하지만 여전히 이미지 표현에서의 'ENGLISH' 외에 보이는 '할루시네이션')

생성형 AI 모델의 가장 큰 강점 중 하나는 바로 '언어'입니다.

'챗봇'이라는 단어는 컴퓨터 프로그램에서 유저의 메시지에 응답하는 '봇(Bot)'을 의미합니다. 과거의 챗봇은 정해진 규칙에 따라 미리 입력된 답변을 제공하는 단순한 형태였지만 지금의 생성형 AI는 사용자의 요청을 분석하고 맥락을 이해하며 자연스럽고 적절한 답변을 만들어냅니다.

그중에서도 현재 AI 열풍을 일으키고 있는 챗GPT는 놀라운 언어 처리 능력으로 주목받고 있습니다. GPT 모델은 영어, 스페인어, 프랑스어, 독일어, 중국어, 일본어, 한국어 등 80개 이상의 언어를 지원하며 사실상 모든 언어의 장벽을 허물었다고 볼 수 있습니다.

번역기로서의 챗GPT

우리가 기존에 사용하던 번역기는 주로 단어와 문장을 단순히 다른 언어로 바꾸는데 그쳤기 때문에 어색하거나 문맥에 맞지 않는 결과를 내놓는 경우가 많았습니다. 하지만 생성형 AI가 등장하면서 단순히 단어를 직역하는 것이 아니라 문맥과 앞뒤 상황을 파악해 문화적 뉘앙스까지 반영해 훨씬 자연스럽고 알맞는 번역 결과를 제공해 줍니다.

처음 '챗GPT'가 출시됐을 때는 한글을 제대로 인식하지 못하거나 번역의 품질이 낮아 불편한 점이 꽤 있었습니다. 하지만 '챗GPT-4.0'에서부터는 훨씬 많은 데이터를 학습하면서 다양한 언어를 보다 정확히 처리하기 시작했습니다. 물론 현재까지도 전문 분야의 방대한 데이터를 처리하거나 정확도가 요구되는 작업에서는 여전히 영어가 유리합니다. GPT 모델의 학습 데이터에서 영어가 차지하는 비중이 크기 때문이죠. 그러나 일반적인 대화나 데이터 처리 시에는 꼭 영어를 사용하지 않아도 원하는 언어로도 충분히 높은 품질의 답변을 얻을 수 있게 됐습니다. 그 번역 속도를 경험해보면 세상이 어떻게 변하고 있는지 실감하실 수 있습니다.

다음은 '챗GPT'를 통해서 번역한 김소월의 〈진달래꽃〉입니다.

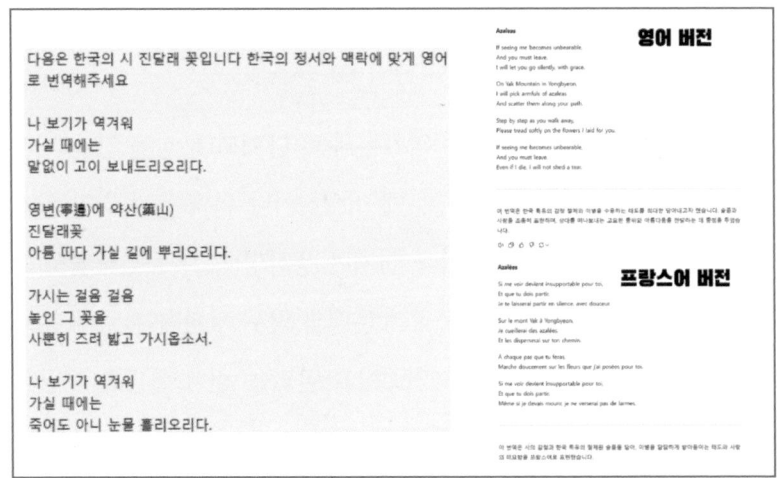

'챗GPT'를 통해 영어/프랑스어로 번역한 김소월의 〈진달래꽃〉

'챗GPT'가 번역한 일본어와 그 일본어를 다시 파파고로 번역해 본 결과

　　시를 일본어로 번역한 후 다시 파파고를 통해서 번역했을 때 나온 결과입니다. 명령어는 단순했습니다. '진달래꽃'을 한국의 정서와 맥락에 맞게 번역해달라 그리고 본문 시를 넣었더니 몇 초 걸리지 않아 답변이 다 나왔습니다. 영어와 프랑스어, 일본어 세 가지 버전으로 답변을 요청했고 나온 답변 중 일본어를 한국의 대표 번역기 '파파고'를 통해 다시 한국어로 번역을 했습니다.

　　결과는 보시는 바와 같습니다. 파파고가 단어 자체를 직역하는 면이 강하다는 점을 감안하고 본다면 완벽하게 본문의 시로 돌아오진 않았지만 번역한 단어들에 한국인의 '정서'가 들어가 있고 번역된 시의 몇몇 구절은 원작의 느낌을 어느 정도 유지하고 있었습니다.

2
AI가 전문 번역가를 대체할 수 있을까?

최근 '한강' 작가가 노벨상 수상으로 세계적인 주목을 받으며 영국의 번역가 '데보라 스미스'가 함께 떠올랐습니다. 번역이 단순한 언어의 변환이 아니라 언어가 품고 있는 문화와 정서 그리고 뉘앙스를 깊이 이해하고 이를 다른 언어로 섬세하게 전달해야 하는 고도의 전문성과 예술적 감각이 필요한 작업임을 보여주는 사례였습니다.

그런데 AI가 '데보라 스미스' 수준의 전문적인 번역 작업을 할 수 있을까요? 분명 AI는 이미 방대한 데이터를 학습해 언어 간의 변환 작업을 능숙하게 처리할 수 있습니다. '진달래 꽃'의 예시와 같이 빠른 속도로 일반적인 번역 작업에서 놀라운 성과를 보이고 있기는 하지만 문화적 뉘앙스와 정서적인 표현 단어 선택에서의 섬세함은 현재까지는 넘어서기 어려운 부분입니다. 이 지점에서 중요한 것은 전문 번역가가 AI를 잘 학습하고 본인의 노하우를 담아낸다면 더 나은 결과를 효율적으로 만들어낼 수 있는 중요한 도구가 될 수 있다는 것이죠. 많은 시간을 소요하는 번역 작업에서 AI를 초안 작업을 위한 보조 도구로 사용하고 번역가의 섬세한 감각이 결합된다면 시간을 단축시키며 더 완성도 높은 결과물을 효율적으로 만들어낼 수 있지 않을까요? 머지않아 국내에서 제2의 노벨문학상 수상자가 또 나올지 모르는 일입니다.

이제는 AI를 활용하는 것이 단순한 선택의 문제가 아닙니다. 변화하는 시대에 필수적인 전략이죠. 자신의 전문성과 결합해 어떻게 활용할 수 있을지를 반드시 고민해야 합니다. AI를 외면한다고 해서 절대 그 영향력이 사라지지는 않습니다. 내가 시작하지 않더라도 내 분야의 누군가는 이미 AI를 도입하여 더 나은 성과를 내고 있습니다. AI를 잘 다루는 사람에게 내 자리를 뺏기고 있는 중이죠.

사실상 '채팅'으로 언어의 장벽이 무너졌다고 할 수 있을까요?

생성형 AI '챗봇'이 채팅을 통해 다양한 언어로 의사소통을 가능하게 만들었고 이제는 음성으로 실시간 번역이 가능해졌습니다. 사실 음성 대화를 지원하는 AI는 이미 익숙한 기술입니다. '챗GPT'뿐 아니라 '캐릭터닷AI(Character.ai)' 음성 비서 '시리(Siri)'나 '알렉사(Alexa)'

등 우리 일상에서 음성으로 질문에 대답하거나 사용자의 명령을 수행하고 있습니다. 하지만 지금의 음성 대화 기술은 더 크게 발전했고 'AI어시스턴트'에 대한 기대를 불러일으키고 있습니다.

현재 GPT의 음성 대화 버전은 다자간의 음성 번역 기능을 지원하며 언어 장벽을 실시간으로 허물고 있습니다. 예를 들어 미국에 여행을 갔고 영어를 잘 하지 못 한다고 가정해 보겠습니다.

"지금부터 하는 이야기를 영어로 번역해주고
상대방이 영어로 말하는 것을 한국어로 번역해줘."

이런 간단한 명령어로 실시간 음성 번역 대화가 시작됩니다. 한국어로 말하면 GPT가 이를 영어로 음성 번역을 해주고 상대방이 영어로 말하면 다시 한국어로 전달합니다. 단순히 단어나 문장을 기계적으로 번역하는 것이 아니라 대화의 앞뒤 맥락을 파악해 자연스럽게 표현해주기 때문에 마치 개인 통역사와 함께 다니는 느낌을 줍니다. 음성 대화를 종료하고 나면 해당 대화 내용이 전부 텍스트로 표기되어 기록됩니다. 이제 외국에 나가거나 다국적 팀과 회의를 할 때 언어에 대한 장벽은 걱정할 필요가 없습니다.

"어느 나라 언어냐구요? 80개 국어입니다."

"변화는 삶의 법칙이다.

그리고 오직 과거나 현재만을 바라보는 사람은

반드시 미래를 놓칠 것이다."

– 존 F. 케네디, 963년 6월 25일 프랑크푸르트 대학교 연설

3
동물 회화 사전

앞서 소개한 텍스트와 음성 번역 기술 덕분에 사람과 사람 간의 언어 장벽은 대부분 허물어졌습니다. 이제 번역이나 실시간 음성 통역을 통해 지구 반대편에 있는 사람들과도 손쉽게 대화할 수 있는 시대가 열렸죠. 그런데 지구상에서 남은 마지막 언어의 장벽은 무엇일까요? 바로 '동물'입니다.

동물들의 의사소통 방식을 이해하려는 노력은 오래전부터 이어져 왔습니다. 돌고래가 사용하는 독특한 음파나 개의 다양한 짖는 소리 그리고 고양이의 울음소리 등은 그 자체로 흥미로운 연구 대상이 되어 왔죠. 하지만 연구자들은 동물들의 행동을 관찰하는 데 그치지 않고 소리나 몸짓이 무엇을 의미하는지 파악하려는 시도를 이어가고 있습니다.

이러한 연구가 AI와 만나면서 새로운 가능성이 열리고 있는데 기존의 데이터를 기반으로 AI는 더 정교하고 빠르게 동물들의 의사소통 방식을 분석할 수 있게 된 거죠. 예를 들어 반려견의 짖는 소리를 주파수와 톤으로 분석해 '놀고 싶어서 짖는 소리', '경고를 보내는 소리' 등으로 구분할 수 있게 된다면 비록 사람과의 대화처럼 이어지지는 않더라도 동물의 기본적인 의도와 감정을 이해할 수 있게 되는 것이죠.

이런 기술이 발전되면 실생활에서도 의미 있는 변화를 만들어낼 수 있습니다. 가끔 뉴스로 접하는 폭견 사고처럼 '우리 애는 안 물어요~'가 아니라 사람이 반려견에게 물려 다치는 상황을 미리 방지할 수 있는 가능성이 생기는 거죠. 더 나아가 기대를 해보자면 동물과의 소통으로 자연재해 예방에도 기여할 수 있을지 모릅니다. 동물들은 자연의 변화를 인간보다 더 민감하게 감지한다고 알려져 있습니다. 지진이 발생하기 전 개나 고양이 그리고 새 같은 동물들이 예측했다는 듯 지역을 이동하거나 이상행동을 보이는 사례가 여러 차례 보도된 적이 있습니다. 이런 동물들의 반응을 실시간으로 분석할 수 있다면 산사태나 지진, 해일 같은 자연재해에 대비할 수 있는 큰 도움이 될 것입니다.

물론 아직 넘어야 할 산은 많습니다. 동물들의 의사소통은 단순히 소리만이 아니라 냄새나 몸짓 등 복잡한 요소들이 얽혀 있기 때문이죠. 하지만 데이터가 계속 축적되고 지금의 발전 속도라면 머지 않아 '동물 회화 사전'이 탄생할 날도 머지 않았다고 기대할 수 있습니다.

그런 날이 오면 반려동물이 우리에게 '지금 기분이 어때?','오늘 무슨 일 있었어?'라고 말하는 시대가 열릴지도 모릅니다.

DALL-E가 그린 동물회화사전과 자연재해시에 인간에게 알리고 있는 동물들

Part 5

AI의 과거와 미래

1
생각보다 오래된 AI의 시작

최근의 AI 붐으로 우리는 최근 몇 년 간의 현상으로 인식할 수 있습니다. 하지만 AI 기술의 뿌리는 그보다 훨씬 오래된 역사 속에 자리 잡고 있습니다. AI의 발전은 특정 시점에 급격한 변화를 겪었고 반대로 일시적인 정체와 침체를 겪은 시기도 있었습니다. 그 시작을 알린 1956년 다트머스 회의에서 AI라는 용어가 처음으로 탄생했지만 이후 예상만큼 빠르게 발전하지는 않았습니다. 특히 1970년대에 'AI겨울'이라 불리는 연구 둔화 시기를 맞았고 이는 초기 기대에 미치지 못한 성과와 한계 때문에 연구 자금이 줄어들며 성장이 멈춘 시기였습니다.

하지만 AI는 이처럼 침체기를 겪으면서도 끊임없이 발전의 씨앗을 품고 있었습니다. 1990년대와 2000년대에 접어들면서 인터넷과 기계 학습 그리고 딥러닝의 도입으로 AI는 다시 급격한 성장을 이루었습니다. 특히 2012년 ImageNet 대회에서는 딥러닝을 활용한 신경망의 성과가 두각을 나타내며 AI는 새로운 시대를 맞이하게 됩니다. 지금은 일어나는 AI붐으로 급격한 발전 속도를 보이고 있지만 이제까지의 긴 역사 속에서 끊이없이 이어져 온 결과입니다.

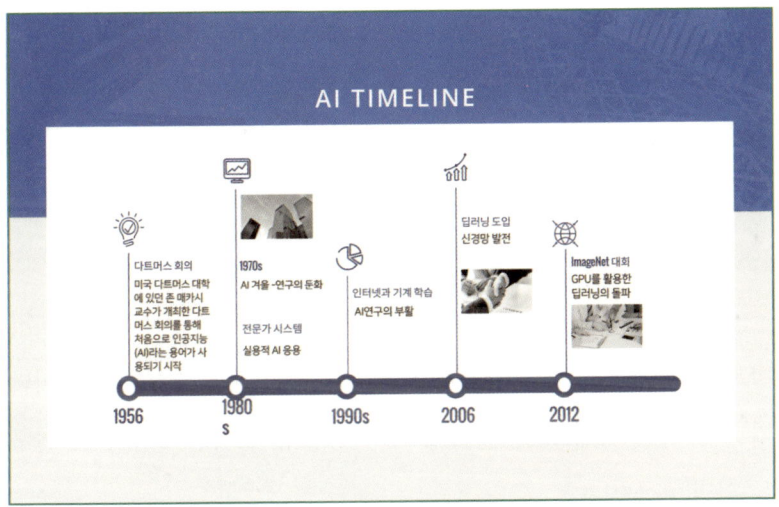

AI 주요 연도와 사건:

   1956: 다트머스 회의 - AI라는 용어의 탄생

   다트머스 회의는 AI의 시작을 알린 중요한 이정표입니다. 당시 존 매카시 교수는 '인공지능'이라는 용어를 처음으로 소개하면서 인간처럼 사고할 수 있는 기계를 만들겠다는 비전을 공유했습니다.

1970s: AI 겨울 - 연구의 둔화

1970년대에는 AI 기술의 초기 기대가 현실과 맞지 않으면서 'AI 겨울'이라 불리는 침체기가 도래했습니다. AI의 성과가 미비하고 연구 자금이 급격히 줄어들며 연구가 둔화된 시기였습니다.

1980s: 전문가 시스템 - 실용적 AI 응용

1980년대에는 전문가 시스템이 등장하며 AI의 응용 가능성을 실제 산업에 적용하기 시작했습니다. 전문가 시스템은 특정 분야의 지식을 활용해 의사결정을 지원하는 시스템으로 의료나 법률 분야에서 사용되기 시작했습니다.

1990s: 인터넷과 기계 학습 - AI의 부활

1990년대에는 인터넷의 확장과 함께 기계 학습, 즉 데이터를 기반으로 학습하는 방식이 도입되며 AI가 다시 부활했습니다. 데이터가 급증하며 기계 학습을 통해 예측과 분류가 가능해지고 AI 연구는 활발해졌습니다.

2006: 딥러닝의 도입 - 신경망 발전

2006년에는 딥러닝의 도입으로 AI는 새로운 차원을 맞이하게 됩니다. 특히 신경망을 활용한 딥러닝 기술은 AI의 성능을 획기적으로 향상시키면서 현재까지 핵심 기술로 자리잡고 있습니다.

2012: ImageNet 대회 - GPU를 활용한 딥러닝의 돌파

2012년 ImageNet 대회에서 딥러닝 모델이 압도적인 성과를 거두며 GPU를 활용한 딥러닝 가능성이 실현됩니다. 이 사건이 현재의 변화를 만든 가장 큰 전환점이었습니다.

2
엔비디아의 급부상

AI 타임라인에서 2012년 ImageNet 대회는 딥러닝 기술이 세계적으로 주목받는 계기가 되었습니다. 이 대회에서 딥러닝 모델이 기존의 알고리즘을 압도하는 성과를 거두며 딥러닝은 인공지능의 핵심 기술로 자리 잡았습니다. 하지만 딥러닝의 성장은 단순히 알고리즘의 발전만으로 이루어진 것이 아니었습니다. 그 성공에는 GPU(그래픽 처리 장치)라는 강력한 하드웨어의 역할이 크게 작용했습니다. 이 GPU라는 것이 AI에서 어떤 역할을 하는지를 알면 GPU를 생산하는 엔비디아가 어떻게 짧은 시간 내에 세계에서 가장 주목받는 기업이 되었는지를 알 수 있습니다.

원래 GPU는 비디오 게임의 복잡한 그래픽을 실시간으로 처리하기 위해 설계된 하드웨어였습니다.

특히 최근의 게임 산업을 보면 단순한 픽셀 수준의 그래픽으로는 사용자들을 만족시키기 어려운 시대가 되었고 게임 속 그래픽은 현실과 구분이 어려울 정도로 발전했으며 몰입감 있는 환경과 생동감 넘치는 캐릭터를 구현하기 위해 GPU는 필수적인 역할을 해왔습니다.

그러나 GPU의 병렬 처리 능력은 단순히 게임 그래픽을 넘어서 대규모 데이터를 처리하고 복잡한 연산을 수행해야 하는 딥러닝 모델에 최적화된 도구로 밝혀졌습니다. 기존의 CPU(중앙 처리 장치)는 직렬 처리를 중심으로 설계되어 데이터 처리 속도가 제한적이지만 GPU는 수천 개의 코어를 활용해 데이터를 병렬로 처리할 수 있습니다. 이는 딥러닝 모델의 학습 속도와 효율성을 크게 향상시켰고 AI 연구자들에게 새로운 가능성을 열어주는 시발점이 되었습니다.

GPU를 활용한 딥러닝의 발전은 NVIDIA라는 회사의 미래를 완전히 바꿔놓았습니다. 1993년에 설립된 엔비디아는 처음에는 게이밍 산업에 초점을 맞춘 GPU를 제작하며 성장했는데 2010년대 초반 창립자인 젠슨 황은 GPU가 단순히 게임 그래픽을 처리하는 데 그치지 않고 AI 기술의 핵심으로 자리 잡을 것을 예견했습니다. 당시 많은 기업들은 GPU가 고가의 하드웨어일 뿐 AI 연구에 필요한 성능을 제공하지 못한다고 평가하며 투자를 꺼리고 있었지만 젠슨 황은

GPU의 병렬처리 능력이 최적화될 새로운 가능성을 보고 있었습니다. 그는 "AI는 현대 컴퓨팅의 가장 중요한 혁명이며 GPU는 이를 실현하는 핵심 엔진이 될 것"이라고 주장하며 AI 연구를 지원할 하드웨어로 GPU를 최적화하는데 과감한 투자를 단행했습니다. 이 결정은 엔비디아를 단순한 하드웨어 제조업체가 아닌 AI 기술의 중심으로 자리매김하게 만들었습니다.

3
오픈AI에 대한 초기 지원

2016년, 젠슨 황은 신생 연구 기관인 오픈AI에 엔비디아의 GPU를 무상으로 제공하면서 AI 연구를 지원했습니다. 당시 오픈AI는 지금처럼 명성을 얻기 전이었고 연구를 시작할 자금과 기술적 지원이 절실한 상태였습니다. 젠슨 황의 이 결정은 단순한 기술 지원 이상의 의미를 가지게 된 것이죠. 이 협력은 AI 생태계 전반의 발전에 큰 기여를 했고 오픈AI가 초기 연구의 기반을 다지는 데 결정적인 역할을 했다고 볼 수 있습니다.

ImageNet 대회 이후 딥러닝은 AI 연구의 중심으로 자리 잡았고 GPU는 딥러닝 연구의 필수적인 도구로 떠올랐습니다. 이는 엔비디아를 단순한 게임 하드웨어 기업에서 세계적인 기술 기업으로 탈바

꿈 시켰습니다. 엔비디아의 주가는 급격히 상승하며 반도체 시장에서 최상위 기업으로 자리 잡았고 GPU는 AI 연구뿐 아니라 의료, 자율주행, 금융 등 다양한 분야에서 활용되고 있습니다.

"기술의 가치는 그것이 만들어내는 변화의 크기에 달려 있다."

-젠슨 황-

오픈 AI는 단순한 연구 조직이 아닙니다. 이는 비전과 철학 그리고 막대한 자금이 결합된 집합체였습니다. 초기 투자자 중 가장 눈에 띄는 인물은 테슬라와 스페이스X의 CEO인 일론 머스크였습니다. 그는 'AI가 통제 불가능한 상태가 되면 인류의 생존 자체를 위협할 수 있다.'는 우려를 지속적으로 표명해왔고 반드시 윤리적이고 공익적인 방향으로 개발되어야 한다고 주장하며 오픈AI에 초기 투자금 10억 달러를 약속했습니다. 당시 머스크는 자신의 목소리를 강하게 내며 AI의 발전이 무조건적인 기술의 승리가 아니라 인류의 미래를 결정짓는 중요한 요소임을 강조했습니다. 그와 함께 초기 투자에 참여한 또 다른 인물은 실리콘밸리의 대표적인 벤처 자본가 피터 틸이었습니다. 틸은 기업가적 시각에서 AI의 가능성을 보았고 오픈AI의 연구 결과가 미래의 시장을 어떻게 재편할지 주목했습니다. 흥미로운 점은 틸을 포함한 초기 투자자들 모두가 지금은 각자의 길을 걸으며 경쟁하고 있다는 사실입니다. 마이크로소프트는 오픈AI에 막대한 자금을 투자하며 클라우드 서비스 애저(Azure)를 통해 AI를 상용화하는 데 성공했습니다. MS 오피스 제품군과 AI 코파일럿(Copilot)을 탑재하며 AI를 일상 업무의 필수 도구로 만들고 있습니다. 일론 머스크는 테슬라와 xAI라는 독립적인 AI연구소를 통해 자신의 비전을 계속 실현하고 있습니다. 특히 테슬라의 자율주행 AI는 어떻게 산업과 교통을 혁신할 수 있는지 보여주고 있습니다. 2024년 '비바 테크놀로지'에서 다음과 같은 이야기를 하기도 했습니다. "인간의 직업은 선택적인 취미 활동이 될 것."

이들은 서로 다른 비전과 목표를 가지고 있지만 공통점이 하나 있습니다.

'AI 기술이 미래를 바꿀 잠재력을 가지고 있다는 점을 믿고 있습니다.'

4
구글의 굴욕

"AI 시대의 폭풍 속에서 구글은 대체 무엇을 하고 있는가? 한때 검색 시장의 제왕이었던 구글은 이제 자신들의 왕좌를 지키기 위해 치열한 싸움에 나서고 있습니다."

AI 기술이 전세계적으로 화두가 되는 가운데 구글을 바라보는 수많은 기업과 개인들의 의문이었습니다. 그동안 구글은 혁신적으로 기존의 틀을 깨며 검색시장을 거의 독점하다시피 지배해왔습니다. 하지만 앞서 언급한 '검색시장의 패러다임 변화'로 인해 큰 타격을 맞기까지 여러 사건들이 있었습니다.

2024년 5월 14일, 구글의 연례행사 '구글I/O 2024'에서 AI비서

'아스트라'를 선보이겠다며 6개월 전부터 대대적인 홍보와 함께 많은 사람들에게 기대감을 심어주었습니다. 하지만 바로 전날인 2024년 5월 13일 오픈AI는 '챗GPT-4o'를 발표했습니다. 기존의 모델을 뛰어넘는 음성인식과 데이터 처리 그리고 응답 속도 등에서 사용자 경험을 끌어올리며 다시 한번 '오픈AI'라는 이름을 세계에 상기시켰습니다. 바로 다음 날 예정되었던 구글의 '아스트라' 발표는 오히려 구글의 기술적 한계를 드러내는 순간이 되고 말았습니다. 발표된 '아스트라'는 성능 면에서 당시 오픈AI의 최신 모델인 '챗GPT-4o'에 미치지 못했고 기존 모델인 '챗GPT-4'와 비슷하거나 그 이하라는 평가를 받게 되며 발표 이 후 구글의 주가는 하루만에 폭락하고 시장의 냉정한 평가를 받았습니다.

2022년 '챗GPT'의 등장 이후 구글은 끊임없이 내부 적색경보(코드레드, Code Red 매우 심각한 위기 상황에 대한 경보)를 발령하고 적극적으로 대응에 나서고 있지만 속수무책으로 당하고 있는 추세입니다. 초기 오픈AI에 기술적으로 도움을 준 곳 중 하나인 구글은 지금 거꾸로 위협을 느끼는 처지가 됐고 총력을 기울이고 있는 가장 큰 이유는 인터넷의 출입구와 같은 역할을 하고 있는 구글의 검색 모델을 위협할 수 있다는 분석 때문이었습니다.

구글이 이토록 압도적인 도전을 받은 이유는 검색 시장에서의 독점적 지위에 안주한 결과라고 볼 수 있습니다. 광고 매출의 대부분을 검색 광고에 의존하고 있었고 앞서 언급한 'SEO'의 기준은 사용자를 꽤나 불편하게 만들었죠. 그러나 AI가 검색이라는 개념 자체를 재정의 해버리면서 구글의 기존 비즈니스 모델은 위협받고 있습니다.

영국의 옥스포드 영어사전에도 '구글링'이라는 단어가 추가되어 구글 내부에서도 놀랐던 시기가 있었습니다. '구글링하다'라는 표현은 전 세계적으로 통용되고 정보 검색의 대명사였던 구글. 하지만 최근 미국에서는 '구글링'이라는 표현 대신 '검색하다'라는 용어로 대체되는 현상이 나타나고 있습니다. 구글의 지배력이 예전만 못하다는 뉘앙스를 품고 있는 것이죠. 구글은 여전히 AI기술을 활용한 새로운 서비스를 출시하며 패권을 유지하려고 애쓰고 있는 중입니다. 그러나 '구글링'이라는 단어가 과거의 유물로 전락하고 있는 지금 검색 시장의 새로운 강자들은 빠르게 입지를 넓히고 있습니다.

최근 오픈 AI는 크롬 사용자를 타깃으로 크롬에서 구글 검색 시 GPT가 바로 활용되도록 하는 확장프로그램 기능을 원클릭으로 셋팅되도록 추가했습니다. 구글의 본거지에서 오픈 AI가 크롬 사용자를 빼앗아 가고 있는 상황은 마치 구글의 거실에 앉아 그들의 손님을 빼앗는 대담한 도둑을 보는 듯합니다.

과연 구글은 I/O 때와 같은 상황을 몇 번이나 더 반복할 수 있을까요? 여전히 검색 시장의 과반 이상 점유율을 차지하고 있지만 이미 대세는 기울었고 바닥이 보이기 시작한 것 같습니다. 다시 한번 반전을 이루려면 엄청난 파급력을 가진 새로운 무언가를 만들어내야만 합니다. 그러한 기회가 몇 번이나 더 남아 있을지는 아무도 알 수 없습니다. 어쩌면 이제 구글의 생명력은 그리 많이 남아 있지 않을지도 모릅니다.

"지금 어떤 검색창을 열어보고 계신가요?
그것이 미래의 승자를 결정짓는 한 번의 검색일지 모릅니다."

5
"챗GPT의 등장은 인터넷의 발명만큼 중대한 사건이다" - 빌 게이츠

(사진 출처: 게이츠노트)

마이크로 소프트의 창업주이자 은퇴 후 자선사업가로 활동 중인 '빌 게이츠'. 그는 한때 세계 최고의 부자로 이름을 올렸고 지금도 '부자'라고 하면 가장 먼저 떠올리는 인물 중 하나입니다. 은퇴 이후에도 게이츠는 기술과 자선의 경계에서 새로운 시대의 방향을 제시하는 데 적극적인 역할을 하고 있습니다. 참고로 마이크로소프트는 오픈 AI의 초기 투자자로 49%의 지분을 가지고 있습니다.

빌 게이츠에게 AI 시장에 대한 평가는 그리 좋지 않았습니다. 그는 오픈 AI의 CEO 샘 알트먼과의 대담에서 AI기술에 대해 처음엔 회의적이었다고 발언했습니다. 하지만 '챗GPT'를 직접 사용해본 후 그의 생각은 완전히 바뀌었고 AI가 인류의 삶에 어떤 변화를 가져올지에 대해 그는 더욱 진지한 태도로 접근하기 시작했다고 고백했습니다.

2023년 11월 'AI 에이전트'라는 개념을 제시하며 이 기술이 몇 년 내에 우리의 삶에 깊이 스며들 것이라고 예측했습니다. 하지만 GPT 이후의 발전 속도를 지켜보며 2024년 말에는 AI 에이전트가 실현될 가능성이 높다고 언급하며 예측을 수정했습니다. 그의 예측대로 현재 AI 생태계에서 가장 주목받고 있는 부분이 바로 'AI 에이전트'입니다. AI 에이전트는 단순히 소프트웨어 비서에 그치는 것이 아니라 자율주행 자동차 로봇청소기 등 하드웨어와 결합한 에이전트를 이야기합니다.

빌 게이츠는 게이츠재단을 운영하고 있고 빈곤과 질병 퇴치뿐 아니라 저소득 국가의 교육 문제 해결에도 깊은 관심을 두고 있습니다. AI를 활용한 교육 도구는 이미 케냐와 같은 저소득 국가에서 시험적으로 사용되고 있습니다. 앞서 언급했던 교육의 패러다임 변화는 한국보다 케냐에서 먼저 시작되고 있는 것이죠. 학생들은 AI 튜터를 이용해 개별화된 교육을 받고 인터넷 접근이 제한된 환경에서도 개별적인 피드백을 제공하며 빈부 격차로 인한 교육의 한계를 넘어설 가능성을 보여주고 있습니다. 게이츠 재단이 강조하는 점은 이러한 AI 교육 도구가 현지 언어와 문화에 맞게 설계된다는 것입니다. 케냐 학생들은 자신들의 언어로 학습하고 AI는 학습 동기와 문화적 연결성을 높이는 역할을 하고 있습니다. 물론 아직 초기 단계이지만 저소득 국가의 교육 격차를 줄이는 데 실질적인 기여를 하고 있으며 스스로 학습하고 창의적으로 사고할 수 있는 환경을 제공하고 있습니다.

> "AI는 이제 더 나은 결과를 가져오는 도구로 자리 잡고 있지만 여전히 많은 사람들이 기존의 방식에 머물러 있다."

소프트웨어 에이전트와 하드웨어 에이전트의 시각화 그림 (사진 출처: 게이츠노트)

 자신의 블로그에서 AI의 잠재력을 강조하면서도 스스로도 기존의 오랜 습관으로 인해 이를 충분히 활용하지 못 하고 있다는 자기고백과 함께 기술적 준비뿐 아니라 사고방식의 변화도 필요하다는 메시지를 많은 사람들에게 전했습니다.

> "정작 준비가 덜 된 것은 '우리'일지도 모릅니다.
> 우리의 AI 에이전트는 이미 준비 되었으니
> 이제 우리가 준비할 차례입니다."

Part 6

챗GPT 시작하기

1
챗GPT 시작하기

AI 시작이 처음이신가요?
그럼 '챗GPT'부터 시작하세요.

AI를 처음 접하는 사람들에게 가장 직관적이고 쉽게 사용할 수 있는 도구입니다.

복잡한 기술 용어? 몰라도 괜찮습니다. 친구와 대화하듯 그냥 편하게 대화하시면 됩니다.

카카오톡이나 이메일에 반드시 답변을 해야 하는 상황이 힘드신가요?

시간이 부족하고 머리가 복잡할 때 메시지 초안을 요청하세요.

단순한 답부터 정중한 이메일까지 한방에 해결해줍니다.

브레인스토밍을 해야하는데 혼자서는 막막하신가요?
GPT와 대화하며 아이디어를 확장하고 정리하세요. 창의적인 파트너가 되어 줍니다.

일정이 뒤죽박죽 정리하기 힘드신가요?
GPT에게 맡겨보세요. 우선순위를 정리하고 효율적인 일정 계획을 만들어줍니다.

이 모든 일을 투덜거리지도 않고 척척 해냅니다.

아아 잠시만요 !

이 일을 더 잘할 수 있는 방법이 있습니다.
효과적으로 사용하는 데 몇 가지 중요한 팁이 있습니다.
다음 장에서 설치를 잘 마치신 후 따라오세요.
챗 GPT를 더 잘 활용하는 방법을 알려드릴게요!

2
'챗GPT' 최근 업데이트 상황

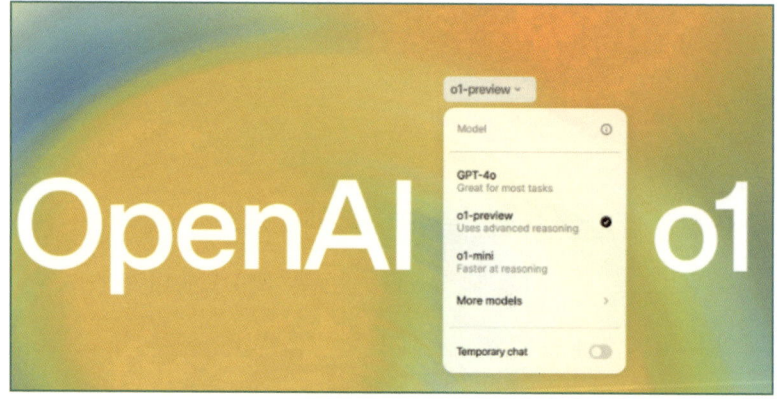

'오픈AI o1' (출처: Open AI)

사용 가능 모델

GPT-4 : 레거시모델

GPT-4o : 대부분의 일상적인 업무

GPT-4o mini : 일상적인 업무를 더 빠르게

GPT-4o with canvas(beta) : 글쓰기 및 코딩

o1 preview : 논리적 설명 가능

o1 mini : 더 빠른 논리적 설명

GPT 홈화면

로그인 하지 않은 상태의 GPT의 홈 화면입니다.

1. NEW CHAT (새로운 대화)

화면 좌측 상단의 연필 모양 아이콘을 클릭하면 새로운 대화를 시작할 수 있는 창이 열립니다. 이 버튼은 항상 화면에 고정되어 있어, 새로운 주제로 대화를 시작하거나 기존 대화를 초기화할 때 사용합니다. 로그인 상태에서 대화를 시작하면 대화 기록이 자동으로 저장되고, 이후에도 언제든지 불러올 수 있습니다. 하지만 로그아웃

상태에서는 기록이 저장되지 않으므로, 매번 새로운 대화를 시작하게 됩니다.

2. CHAT GPT 4.0 mini 옆 'v' 아이콘

'CHAT GPT 4.0 mini' 옆에 위치한 꺽쇠 모양의 'v' 아이콘을 누르면 현재 사용 가능한 GPT 모델 목록을 확인할 수 있습니다. 로그인 전에는 기본적으로 'GPT-4.0 mini'와의 대화만 가능합니다. 로그인 후에는 더 다양한 모델들이 제공될 수 있으며, 선택한 모델에 따라 성능이나 반응 속도가 달라질 수 있습니다.

3. 회원가입 버튼

화면 오른쪽 상단에는 회원가입 버튼이 있습니다. 이 버튼을 클릭하면 새로운 계정을 만들 수 있는 페이지로 이동합니다. 계정을 생성한 후에는 대화 기록을 저장하고, 나만의 맞춤형 GPT 설정을 할 수 있는 등 다양한 기능들을 사용할 수 있습니다. 회원가입 절차는 비교적 간단하며, 이메일 주소와 비밀번호를 입력하는 방식으로 이루어집니다. 다음 장에서 회원가입과 로그인 절차에 대해 자세히 설명하겠습니다.

4. 프롬프트 창 (검색 창, 입력 창)

화면 중앙에 "메시지 ChatGPT"라고 적힌 창이 보입니다. 이 부분은 프롬프트 창으로, GPT에게 질문을 하거나 명령을 입력하는 공간입니다. 예를 들어, "오늘 날씨 어때?" 또는 "GPT 사용법 알려줘" 같은 질문을 입력할 수 있습니다. 입력 후에는 프롬프트 오른쪽의 화살표 버튼이 활성화되며, 이 버튼을 클릭하거나 키보드에서 엔터(Enter) 키를 누르면 GPT가 몇 초 안에 답변을 제공합니다.

5. 대화 시작 버튼(Conversation Starters)

프롬프트 창 아래에는 '코딩', '브레인스토밍' 같은 대화 시작 버튼들이 나열되어 있습니다. 이 버튼들은 Conversation Starters라고 불리며, ChatGPT가 어떤 작업을 수행할 수 있는지 쉽게 보여주는 역할을 합니다. 이 버튼을 클릭하면 해당 주제에 맞는 대화를 바로 시작할 수 있습니다. 예를 들어, '코딩' 버튼을 누르면 '챗GPT'에게 코딩 관련 질문을 할 수 있는 대화가 시작됩니다.

맞춤형 GPT, GPTs의 경우 대화 시작 버튼을 내 입맛에 맞게 만들어 사용할 수 있습니다. 로그인 후에는 나만의 맞춤형 GPT를 생성할 수 있는 기능이 제공됩니다. GPTs 기능을 통해 사용자는 GPT를 자신의 요구에 맞게 설정하고, 이를 대화 시작 버튼으로 추가할 수 있습니다. 이렇게 맞춤형 GPT를 생성하면, 매번 특정 작업을 지시할 필요 없이 미리 설정된 기능들을 쉽게 사용할 수 있습니다.

3
챗GPT 시작 절차

1. 이메일 주소 입력창

　이 부분은 회원 가입을 할 때 사용할 이메일 주소를 입력하는 곳입니다. 사용자가 이메일 주소를 입력하면 '챗GPT'와의 계정이 생성됩니다. 주로 자신의 자주 사용하는 이메일 주소를 입력해야 하며, 비밀번호나 계정 복구에 필요할 수 있으니 정확히 입력하는 것이 중요합니다. 이메일 주소를 입력한 후 아래의 '계속' 버튼이 활성화됩니다. 이 버튼을 클릭하면 다음 단계로 넘어갑니다.

2. 계속 버튼

　이메일 주소를 입력한 후, 다음 단계로 진행하기 위한 버튼입니다.

　이메일 주소를 정확히 입력한 후 '계속' 버튼을 클릭하여 다음 단계로 이동합니다. 만약 잘못된 이메일 주소를 입력했다면 오류 메시지가 표시되며, 다시 시도해야 합니다.

3. 이미 계정이 있으신가요? 로그인

　이미 GPT 계정을 가지고 있다면 이 링크를 클릭해 로그인할 수 있는 페이지로 이동합니다.

　기존에 회원 가입을 한 경우, 굳이 다시 가입할 필요 없이 '로그인' 링크를 클릭하여 기존 계정에 로그인할 수 있습니다.

4. Google로 계속하기

Gmail 계정을 사용하여 빠르게 회원 가입을 진행할 수 있습니다.

이 버튼을 클릭하면 Google 로그인 창이 열리며, Google 계정으로 로그인하면 별도의 이메일 입력 없이 회원 가입이 완료됩니다. Google 계정을 자주 사용하는 사람들에게 편리한 방법입니다.

5. Microsoft 계정으로 계속하기

Microsoft 계정(Outlook, Hotmail 등)을 사용하여 회원 가입을 할 수 있습니다.

이 버튼을 클릭하면 Microsoft 계정으로 로그인하는 페이지가 열립니다. 로그인한 후, 추가 정보 입력 없이 Microsoft 계정을 사용하여 GPT에 회원 가입이 완료됩니다.

6. Apple로 계속하기

Apple ID를 사용하여 회원 가입을 할 수 있습니다.

이 버튼을 클릭하면 Apple 계정으로 로그인할 수 있는 페이지가 나타납니다. Apple 계정을 사용하는 경우 이 방법을 통해 빠르고 안전하게 회원 가입이 가능합니다.

어떤 방식이든 상관 없습니다. 로그인을 하셨다면 이제 '챗GPT'와 대화를 시작하시면 됩니다.

4
아이폰에서 GPT 시작하기

iPhone에서 ChatGPT 앱 다운로드하는 방법 (App Store 사용)

1. App Store 열기

2. iPhone의 홈 화면에서 App Store 아이콘을 찾은 후 클릭합니다.
앱스토어는 iPhone의 공식 앱 다운로드 플랫폼입니다.

3. 검색 탭으로 이동

4. 화면 하단에 있는 돋보기 아이콘(검색)을 누릅니다.

5. 검색창에 'ChatGPT' 입력하기

상단의 검색창에 'ChatGPT'를 영어로 입력합니다. 주의할 점은 한글로 '챗지피티' 또는 'GPT'라고 검색하지 않고 정확히 영어로 검색하는 것입니다. 잘못된 검색어로 검색하면 다른 유사한 앱들이 먼저 나올 수 있습니다.

6. OpenAI의 공식 ChatGPT 앱 확인

검색 결과 중 'ChatGPT - OpenAI'라고 표시된 앱을 찾아 클릭합니다. OpenAI가 개발자 이름으로 표시되어 있어야 합니다.

비슷한 이름을 가진 가짜 앱이 많으므로, 반드시 OpenAI라는 개발자가 표시된 것을 확인해야 합니다. 앱 아이콘도 OpenAI의 공식 로고가 있는지 확인해야 하지만 유사앱들도 비슷한 로고를 만들어 사용하기 때문에 반드시 개발사를 확인하세요.

7. 다운로드 버튼 누르기

OpenAI의 ChatGPT 앱을 확인한 후, 다운로드 버튼(구름 모양 또는 '받기' 버튼)을 누릅니다. 다운로드가 시작되며, 앱스토어 계정에 로그인된 상태에서만 다운로드가 가능합니다.

8. Apple ID 비밀번호 입력 또는 Face ID/Touch ID 인증

만약 Apple ID 비밀번호를 묻는 창이 뜨면, 비밀번호를 입력하거나 Face ID/Touch ID를 이용해 인증을 진행합니다. 이 과정은 보안 때문에 필요한 단계입니다.

9. 앱 다운로드 완료 후 열기

다운로드가 완료되면 '열기' 버튼이 나타납니다. 버튼을 눌러 ChatGPT 앱을 실행합니다.

10. 회원가입 또는 로그인

앱을 처음 실행하면 회원가입 또는 로그인 창이 나타납니다. 만약 계정이 없다면 이메일을 입력해 회원가입을 하거나 Google, Microsoft, Apple 계정을 이용해 쉽게 로그인할 수 있습니다.

5
안드로이드에서 GPT 시작하기

1. Google Play Store 열기

　Android 스마트폰의 홈 화면에서 Google Play Store 아이콘을 찾은 후 클릭합니다. 구글 플레이스토어는 Android 스마트폰의 공식 앱 다운로드 플랫폼입니다.

2. 검색 탭으로 이동

　상단에 있는 검색창을 클릭해 원하는 앱을 검색할 수 있습니다.

3. 검색창에 'ChatGPT' 입력하기

　검색창에 'ChatGPT'를 영어로 입력합니다. 역시, 영어로 입력하는 것이 중요합니다. 한글로 '챗지피티'라고 검색하면 다른 유사한 앱들이 나타날 수 있습니다.

4. OpenAI의 공식 ChatGPT 앱 확인

검색 결과 중 'ChatGPT - OpenAI'라고 표시된 앱을 찾습니다. 반드시 OpenAI가 개발자로 명시된 앱을 선택해야 합니다. 비슷한 이름의 가짜 앱이 많을 수 있으니, 반드시 OpenAI에서 제공한 앱인지 확인하세요.

5. 설치 버튼 누르기

OpenAI의 ChatGPT 앱을 확인한 후, 설치 버튼을 누릅니다. 그러면 앱이 다운로드되고 스마트폰에 설치됩니다.

6. Google 계정 비밀번호 입력 또는 인증

경우에 따라 Google 계정 인증을 요구할 수 있습니다. 비밀번호를 입력하거나, 스마트폰에서 사용하는 보안 방법(예: 지문 인식)을 이용해 인증을 완료하세요.

7. 앱 다운로드 완료 후 열기

다운로드가 완료되면 '열기' 버튼이 활성화됩니다. 이 버튼을 눌러 ChatGPT 앱을 실행합니다.

8. 회원가입 또는 로그인

앱을 실행하면 회원가입 또는 로그인 화면이 나타납니다. 계정이 없는 경우 이메일 주소를 입력해 회원가입을 하거나 Google, Microsoft, Apple 계정을 이용해 쉽게 로그인할 수 있습니다.

다운로드 시 주의사항

가짜 앱 주의: 앱스토어나 구글 플레이스토어에는 ChatGPT와 비슷한 이름을 가진 가짜 앱들이 많이 있을 수 있습니다. 반드시 OpenAI가 개발자로 명시된 앱을 선택해야 합니다.

광고성 앱 피하기: 상단에 광고로 표시된 앱들은 OpenAI의 공식 ChatGPT가 아닐 가능성이 높습니다. 무료이지만 추가 결제를 요구하는 앱들도 많으니 주의하세요.

Part 7

챗GPT와 관련된 개념

1
블랙박스 문제

GPT와 같은 대규모 언어 모델은 놀라운 답변을 제공합니다. 그 답변을 보면 '도대체 어떻게 이런 답변을 내놓는 거지?'라는 의문을 갖게 됩니다. 이는 일반 사용자들뿐 아니라 인공지능 전문가들조차도 마찬가지입니다. 입력된 질문과 출력된 답변은 확인할 수 있지만 그 사이에 어떤 일이 일어나는지는 '블랙박스'와 같습니다. 그래서 대규모 언어 모델이 가진 '블랙박스 문제'라고 부릅니다.

특히 딥러닝 기반의 AI에서 이 문제는 더욱 두드러지게 나타납니다. 딥러닝의 복잡한 구조와 작동 방식을 인간이 완전히 이해하기란 매우 어려운 일이기 때문입니다. 알파고와 이세돌 9단의 바둑 경기에서 AI가 특정 수를 둔 이유를 당시의 개발자들조차 명확히 설명할 수 없었던 것은 이러한 블랙박스 문제의 대표적인 사례입니다.

블랙박스 문제는 AI가 점점 더 많은 분야에 상용화됨에 따라 반드시 해결해야 할 중요한 과제가 되고 있습니다. 입력값과 결과만 볼 수 있고 그 사이의 과정을 알 수 없다면 심각한 문제를 초래할 수 있습니다. 만약 재판 과정에서 AI가 판결을 내리는데 사용됐을 때 AI가 왜 특정 판결을 내렸는지 중간 과정을 이해하지 못한다면 이는 큰 사회적 논란을 불러일으킬 가능성이 큽니다. AI가 제시하는 답변이 아무리 그럴듯해 보여도 중간 과정을 알 수 없다면 우리는 그 답변을 무조건 신뢰할 수 없습니다. 현재 챗봇과 같은 개인 사용자 중심의 AI는 결과물을 스스로 검증해 사용되고 있습니다. 하지만 AI가 점점 더 자동화된 시스템으로 확장되고 있는 현실에서 더 많은 사회적 부분에 활용되기 시작할 때 블랙박스 문제를 해결하지 않고는 무조건적인 신뢰를 보내기 어려운 상황입니다.

블랙박스 문제를 해결하기 위해 많은 AI 연구자들은 AI의 의사 결정 과정을 더 명확히 이해할 수 있는 방법을 찾고자 노력하고 있습니다. 이를 위해 등장한 개념이 바로 설명 가능한 AI(XAI, Explainable AI)입니다. XAI는 AI의 의사 결정 과정을 인간이 이해할 수 있도록 설명 가능한 방식으로 만드는 '방법론'입니다. 이건 일론머스크가 이끄는 'X.AI'와는 다른 Explainable AI, 의사 결정 과정을 인간이 이해할 수 있도록 만드는 방법론으로 하나의 개념입니다.

'블랙박스 문제'는 현재 AI 기술의 핵심 장애물입니다.

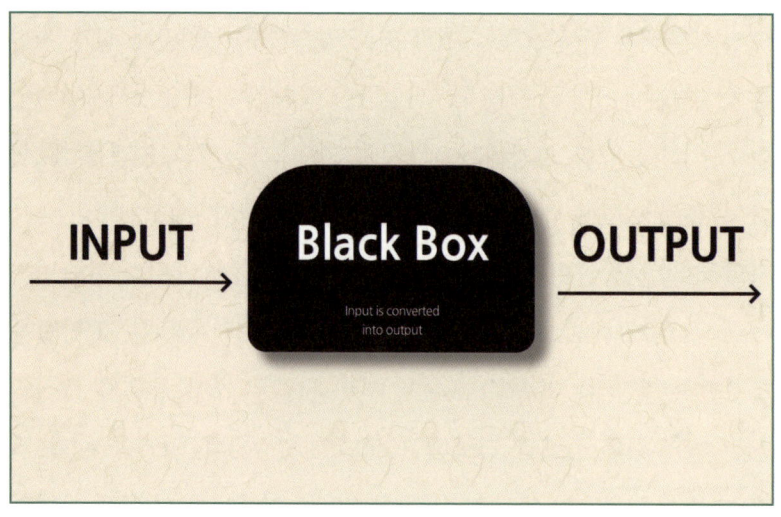

2
GPT란 무엇인가?

이제 본격적으로 GPT에 대해 알아보겠습니다.

GPT(Generative Pre-trained Transformer)는 AI의 한 종류로, 주로 자연어 처리와 텍스트 생성에 사용됩니다. 간단히 말해 '사전 훈련된 생성 변환기'라고 할 수 있습니다. 방대한 양의 데이터를 학습해서 다양한 언어 관련 작업을 수행할 수 있는데 특히 번역과 요약 글쓰기나 질의응답 등의 강점이 있습니다

OpenAI의 '챗GPT'와 그 기반이 되는 알고리즘 모델 'GPT'는 동일시하는 경향이 있지만 명확히 다릅니다. GPT는 근본적으로 텍스트를 이해하고 생성하기 위한 알고리즘 모델이고 '챗GPT'는 이 모델을 기반으로 설계된 대화형 '챗봇'입니다. 한마디로 GPT는 뇌와

같은 역할을 하는 수학적 엔진이고 챗GPT는 이 뇌를 활용해 실제로 인간과 같이 대화하는 구체적인 응용 프로그램 '챗봇'입니다.

CHAT GPT

OpenAI에서 개발한 '챗GPT'는 사람의 언어를 이해하고 생성하는 능력을 가지고 있으며 챗GPT는 이 GPT 모델을 기반으로 사용자와 자연스럽게 대화를 나눌 수 있도록 설계된 챗봇입니다.

기존의 챗봇은 사용자가 입력한 질문에 대해 미리 설정된 답변만을 제공하는 방식으로 작동했습니다. 그러나 '챗GPT'는 사용자가 입력한 문장을 바탕으로 그때그때 확률 계산을 통해 새로운 답변을 생성합니다. 여기서 중요한 점은 '생성'입니다. 많은 사람들이 '챗GPT'가 질문을 '이해하고' 답변한다고 말하지만 실제로는 인간처럼 이해하는 것이 아니라 훈련된 데이터를 바탕으로 가장 높은 확률의 답변을 생성하는 것입니다.

'챗GPT'의 학습 데이터는 책, 위키피디아, 웹사이트 등에서 추출한 방대한 자료들로 구성되어 있습니다. 예를 들어 "My name"이라고 입력하면 다음에 나올 단어는 "is"일 가능성이 매우 높습니다. '챗GPT'는 수많은 데이터를 학습하면서 이러한 언어적 패턴을 파악하고 그에 따라 가장 적합한 답을 생성합니다. 이처럼 '챗GPT'는 단어의 의미뿐 아니라 문맥을 파악해 자연스러운 언어를 만들어냅니다.

하지만 데이터를 학습하는 과정에서 또 하나의 윤리적 문제가 발생했습니다. 'GPT-4를 개발 중이던 2021년 수집할 수 있는 데이터가 고갈될 위기에 처하자 '위스퍼(WHISPER)'라는 음성 인식 'STT(Speech To Text)' 프로그램을 개발해 유튜브 데이터를 무단으로 학습했다는 논란에 휘말렸습니다. 이로 인해 유튜브 크리에이터들이 단체 소송을 제기했는데 그 당시 유튜브를 운영하는 구글이 이 사실을 알고 있었음에도 침묵하고 있었던 사실이 알려졌습니다. 그 이유는 구글 또한 자사의 AI 개발 과정에서 유튜브 데이터를 무단으로 학습했기 때문인 것으로 드러났습니다. 이후 구글은 합법적으로 더 많은 사용자 데이터를 학습할 수 있도록 약관을 확장했습니다. 이 사건은 AI가 데이터를 사용하는 데 있어 윤리적 문제와 저작권 문제를 일깨워 주었고 기술이 발전할수록 데이터 출처와 저작권 준수는 앞으로 더욱 중요한 이슈가 될 것입니다.

GPT의 핵심에는 "T"인 트랜스포머(Transformer) 기술이 있습니다. 아이러니하게도 이 기술은 현재 GPT의 발전으로 인해 경쟁에 직면한 구글이 최초로 제안한 것입니다. 트랜스포머의 중요한 역할은 멀리 떨어져 있는 데이터 요소 간의 관계를 감지하는 것입니다. 예를 들어, "책상 위에 놓인 사과는 빨갛고, 그것은 정말 맛있어 보였다"라는 문장에서 '그것' 이 '사과' 를 가리킨다는 것을 정확히 파악할 수 있습니다. 이 기술을 통해 GPT는 문장의 긴 맥락을 이해하여 적절한 답변을 생성하는 능력을 발휘합니다.

GPT는 다양한 언어 처리 작업에서 뛰어난 성능을 자랑합니다. 특히 번역 작업의 경우 문맥을 파악해 직역 대신 자연스럽고 의미를 잘 전달하는 표현으로 변환하는 능력을 가지고 있습니다. 예를 들어 "She gave hime a cold shoulder"라는 영어 문장은 직역하면 '그녀는 그에게 차가운 어깨를 주었다'라고 번역되며 지금까지의 번역기들이 이와 같은 번역을 제공했습니다. 하지만 GPT는 이를 맥락에 맞게 '그녀는 그를 무시했다'라는 자연스러운 한국어로 번역합니다. 이처럼 GPT는 단어의 의미를 넘어서 문장의 흐름과 의도를 이해하고 보다 정확하고 자연스러운 번역을 제공하는 것이 특징입니다.

감정 분석에서도 '챗GPT'는 탁월한 성능을 발휘합니다.

사용자: 오늘은 모든 일이 엉망이었고 난 완전히 지쳤어

AI: 오늘 정말 힘든 하루를 보냈군요. 모든 일이 엉망이라고 느껴지면 특히 더 지칠 수 있죠. 이런 날에는 마음과 몸을 돌보는 것이 정말 중요해요. 혹시 지금 이 순간에 마음을 조금이라도 가볍게 할 수 있는 일이 있을까요? 얘기하고 싶거나 도움 받을 부분이 있다면 언제든 말해주세요.

문장을 분석해 '챗GPT'는 이 문장이 부정적인 감정을 담고 있음을 파악하고 그에 맞는 적절한 피드백을 제공합니다. 이런 능력을 활

용해 고객 서비스나 심리 상담 등 다양한 분야에서 사용될 수 있습니다.

또한 '챗GPT'는 긴 텍스트를 요약하는 데도 강점을 지니고 있습니다. 복잡한 연구 논문을 읽고 중요한 부분만을 추려 독자에게 제공하는 식으로 시간을 절약할 수 있습니다. 20~30페이지에 달하는 논문을 몇 줄로 요약해 정보의 핵심을 빠르게 파악하는 방식은 오늘날 정보의 홍수 속에서 매우 중요한 도구로 활용될 수 있습니다.

애국가를 1절부터 4절까지 넣고 요약해봤습니다.
하느님의 보호 아래 대한민국이 영원히 번영하기를 바라는 마음을 담고 있습니다.
소나무처럼 강인하고 변함없는 국민의 기상을 표현합니다.
가을 하늘처럼 맑고 밝은 마음으로 나라를 사랑하는 의지를 다짐합니다.
어려운 순간에도 충성을 다해 나라를 사랑하고 지켜나가자는 결의를 나타냅니다.

"전체를 한 문장으로 요약해줘."
"대한민국의 아름다운 자연과 굳건한 국민의 기상으로
나라를 영원히 사랑하고 지키자는 다짐을 담은 노래입니다."

말만 잘 하는 게 아닙니다.

'챗GPT'는 자연어 처리에서 기존 챗봇과는 전혀 다른 방식으로 작동하며 혁신적인 성과를 이뤄냈습니다. 이러한 발전은 AI 기술의 급격한 변화를 이끌고 있으며 앞으로 다양한 분야에서 그 영향력이 더욱 커질 것으로 예상됩니다. '챗GPT'는 이러한 능력을 바탕으로 다양한 분야에서 활용되며 단순히 언어 처리에 그치지 않고 번역, 감정 분석, 텍스트 요약과 같은 작업을 자동으로 수행하여 생산성을 높여줍니다. 특히 '챗GPT-4' 이후부터는 그림 생성, 코드 작성, 실시간 웹 검색 등 다기능을 지원하는 플러그인을 통해 더욱 강력한 도구로 자리 잡았습니다.

그림 그려주는 DALL-E

'챗GPT'는 대화형 AI로서만이 아니라 DALL-E와 같은 프로그램을 통해 이미지를 생성하거나 실시간 웹 검색을 통해 최신 정보를 활용하는 능력까지 갖추게 되었기 때문에 다양한 창의적 작업과 복잡한 문제 해결에 활용할 수 있습니다.

- 플러그인(Plugin)은 기본 프로그램에 추가 기능을 더할 수 있게 해주는 소프트웨어 모듈입니다. 사용자는 필요에 따라 플러그인을 설치해 기능을 확장하거나 새로운 작업을 수행할 수 있습니다.

현재의 1등이기 때문에 '챗GPT'에 관한 내용들이 많지만 GPT

"DALL-E가 어떻게 생겼는지 DALL-E를 이용해서 그려봐."

이후 다양하게 많은 AI들이 쏟아져 나오고 있습니다. 아이폰이 나온 후 스마트 폰이 많은 기업에서 개발되는 것과 같은 당연한 현상입니다. 하지만 우리는 실시간으로 순위가 바뀌고 새로 나오는 모든 AI툴을 사용해 볼 순 없습니다. 그렇기에 지금 저에게 AI를 뭘 쓰면 좋겠는지 누군가 물어봤을 때 '챗GPT'를 추천합니다.

왜냐구요? 사용자가 가장 많은 기업이기 때문입니다. 10년 뒤 전 세계 AI 시장을 이끌어가는 기업이 Open AI가 아닐 수 있습니다. 하지만 현재의 1등 기업을 경험해보면 다음 1등 기업이 나왔을 때 허둥지둥 하지 않을 수 있는 것이죠. 뒤따라 오는 기업들의 인터페이스도 작은 차이가 있지만 비슷하게 맞춰져 있고 가격정책 또한 '오픈AI'가 표준이 되고 있습니다.

3
프롬프트(Prompt)

'프롬프트' 라는 용어는 원래 연극에서 배우에게 대사나 동작을 상기시키기 위한 지시를 의미합니다. AI에서는 프롬프트가 대형 언어 모델(LLM)이나 생성 AI에 입력하는 질문이나 지시를 뜻합니다. 'ChatGPT'에 질문하거나 명령을 입력하는 것이 바로 프롬프트입니다. 프롬프트의 품질은 AI로부터 원하는 답변을 얻는 데 매우 중요한 역할을 하며 이를 효과적으로 작성하는 것을 '프롬프트 엔지니어링'이라고 부릅니다.

자연어 처리 기술이 점점 더 고도화되면서 프롬프트 작성의 중요성이 예전만큼 부각되지 않을 수 있습니다. 특히 최신 AI모델들은 맥락을 파악하고 실시간 정보를 가져오는 능력이 크게 향상되어서 일반 사용자들에게는 프롬프트 작성 기술이 필수적으로 느껴지지 않을 수 있습니다.

그럼에도 불구하고 프롬프트 작성 능력은 여전히 유용한 도구입니다. AI가 항상 사용자의 의도를 완벽하게 이해하지 못할 때가 있기 때문이죠. 같은 답을 반복하거나 지나치게 일반적인 대답을 내놓는 경우가 그렇습니다. 이럴 때 잘 작성된 프롬프트 기법은 정확한 방향으로 답을 생성하도록 만들어줍니다. AI를 왜 이렇게까지 써야 하냐구요? 앞서 말씀드린 대로 AI는 현재 완벽하지 않기 때문에 우리가 잘 조종하고 활용해야 더 큰 효과를 낼 수 있습니다.

우리는 이미 많은 영화나 드라마에서 AI가 사람처럼 행동하는 로봇이나 (아이로봇) 거대한 프로그램 (아이언맨_자비스)처럼 묘사된 것을 자주 접했습니다. 그렇기 때문에 기대감과 함께 공포심을 가지고 있는데 현재의 AI는 우리가 잘 다뤄야 하는 드론이나 RC카에 더 가깝습니다. 이 장난감들은 기본적으로 버튼 몇 개만 눌러도 간단히 움직일 수 있는데 목적지에 정확히 도달하거나 장애물을 피해 더 복잡한 작업을 수행하려면 정교한 조종을 할 수 있어야 하는 것처럼 말이죠. 프롬프트 작성도 비슷합니다. 간단한 질문으로도 AI를 움직일 수 있지만 원하는 결과를 얻으려면 보다 구체적이고 전략적인 지시가 필요합니다.

같은 맥락에서 네비게이션 시스템도 생각해 볼 수 있습니다. 요즘 실시간 네비게이션은 가장 빠른 길을 추천해 주지만 문제는 모두가 같은 네비게이션을 사용할 때 발생합니다. 추천받은 길로 들어섰더니 오히려 더 막히는 경우를 경험한 적 있으시죠? 하지만 잘 알고 있는 길이라면 어떤가요? 차가 막히는 시간과 안 막히는 시간을 알고 있다면 네비게이션은 단속 카메라나 안전 운행 경고를 위해 켜두는 용도로 사용하면서도 내가 원하는 길로 갈 수 있는 것처럼 프롬프트 작성도 이와 비슷합니다. AI가 추천해주는 기본적인 답변에 의존할 수 있지만 내가 알고 있는 정보를 바탕으로 구체적이고 맞춤화된 지시를 내린다면 훨씬 효율적으로 쓸 수 있다는 것이죠.

앞서 말씀드린 AI를 잘 다루는 사람이 되려면 기본적으로 '프롬프트'를 잘 다룰 줄 알아야 합니다.

1. 명확한 목적 설정

왜 이 질문을 하는가? 질문의 목적이 분명해야 합니다. 단순한 대화인지 정보 검색인지 또는 창의적인 아이디어를 얻기 위함인지 아니면 분석적인 답변을 원하는지에 따라 프롬프트의 방향이 달라집니다.

2. 필요한 세부정보 제공

AI에게 필요한 맥락을 충분히 전달해야 합니다. 위치나 시간, 주제 등 핵심적인 세부정보가 없으면 AI는 일반적인 답변만 제공할 수밖에 없습니다.

3. 원하는 답변의 형태 지정

텍스트, 목록, 표 등의 원하는 형식을 명시하면 더 정확한 답변을 준비합니다.

4. 문맥 연결

대화를 이어갈 때는 이전 질문의 맥락을 유지하라 요청하면 이전에 나누었던 대화에 대해 기억하고 그 맥락에 맞게 문맥을 연결합니다.

5. 패드백을 통한 개선

AI의 답변이 만족스럽지 않다면 무엇이 부족했는지 파악하고 프롬프트를 수정합니다. 더 간단하게 또는 특정 관점에 대해서와 같은 요청을 통하면 더 나은 결과를 제공할 수 있습니다.

6. 목적에 맞는 언어 사용

전문적인지 일상적인지 창의적인지 등의 톤과 스타일을 명확히 해주면 추가적인 작업을 별도로 할 필요없이 상황에 맞는 답변을 제공받을 수 있습니다.

4
할루시네이션(Hallucination)

생성형 AI를 사용할 때 가장 주의해야 할 중요한 개념 중 하나는 바로 '할루시네이션'입니다. 할루시네이션은 AI가 실제로 존재하지 않는 정보를 마치 사실인 것처럼 만들어내는 현상을 의미합니다.

3.5버전의 초기에 많이 나타났던 유명한 일화들이 몇 가지 있습니다. 우리나라의 대통령을 묻는 질문에 실시간 정보를 가져오지 않던 시기라 학습된 데이터만으로 대답을 해 이미 퇴임한 대통령의 이름을 답하는 경우가 있어 큰 논란을 야기한 일이 있습니다. 또 다른 예로 '세종대왕이 사용하던 아이폰에 대해 설명해달라'와 같이 있을 수 없는 일에 대해서도 마치 있었던 일처럼 대답을 만들어냈던 것이 대표적인 '할루시네이션' 사례입니다. 현재는 기본 정보에 관련한 할

루시네이션 발생 빈도는 크게 줄어들었습니다. 이처럼 AI의 할루시네이션 현상은 신뢰성에 큰 영향을 미치고 정보의 정확성이 중요한 분야에서는 이러한 오류가 사용자의 혼란을 초래할 수 있고 심각한 경우 잘못된 결정을 유도할 수 있습니다.

현재 업데이트 상황으로 많은 부분이 개선되어 예시로 들었던 것처럼 쉽게 눈에 띄는 '환각'현상은 줄어들었습니다. 그래서인지 표현이 더 정교해졌고 오류가 사실처럼 보일 가능성도 커졌습니다. 사용자가 충분히 경계하지 않으면 AI가 생선한 정보를 진실로 받아들일 위험이 있습니다. 따라서 할루시네이션 가능성을 언제나 염두에 두는 것이 주요합니다. AI가 제공하는 모든 정보를 무조건 신뢰하지 말고 반드시 사실 확인을 거쳐야 합니다. 특히 중요한 결정이나 민감한 정보를 다룰 때 AI의 답변을 신뢰할 수 있는 다른 출처를 꼭 확인해 보는 것이 중요합니다.

실제로 2023년 7월 미국 플로리다주 중부 지방 법원에서 민사 소송을 진행하던 한 변호사가 AI를 사용해 작성한 '사례 보고서'를 법원에 제출했는데, 이 보고서에는 존재하지 않거나 출처가 부정확한 판례들이 포함되어 있어 변호 활동이 금지되고 정직 처분을 받았습니다.

출처: LawNext, 2024년 3월.
https://www.lawnext.com/2024/03/federal-court-suspends-florida-attorney-over-filing-fabricated-cases-hallucinated-by-ai.html.

슬기로운 AI 생활

항상 검증
제공하는 정보에 대해
출처를 꼭 확인하세요

전문가와 협업
중요한 작업은
전문가와 함께 검토하세요

보조 도구로
AI는 보조 도구일 뿐
최종판단은 언제나 사용자의 몫!

5
페르소나(Persona)

AI와의 대화에서 또 하나 중요한 개념은 '페르소나'입니다. 페르소나는 AI가 특정 역할을 수행할 때 취하는 가상의 인물이나 성격을 의미합니다. 같은 질문을 하더라도 AI가 교수처럼 행동할 때와 친구처럼 대화할 때의 응답 방식은 크게 다를 수 있습니다. 페르소나는 AI의 응답 톤과 내용에 큰 영향을 미치며 상황에 따라 적절한 페르소나를 설정하면 AI와의 대화를 훨씬 더 효과적이고 유익하게 만들 수 있습니다.

전문적인 조언이 필요한 상황에서는 AI에게 전문가의 페르소나를 부여하여 해당 분야에 대해 깊이 있는 답변을 얻을 수 있습니다. 반대로, 좀 더 편안한 대화를 원할 때는 AI에게 친구 같은 페르소나를 설정하여 보다 친근하고 따뜻한 응답을 받을 수 있습니다. 이처럼 페르소나는 마치 역할극에서 배우가 맡은 역할에 따라 대사를 다르게 표현하는 것과 비슷합니다. 이는 사용자가 원하는 목적에 맞게 AI의 성격과 답변 스타일을 조정할 수 있는 강력한 도구로 페르소나를 활용할 수 있습니다.

페르소나 개념의 AI는 이미 많은 분야에서 활용되고 있습니다. 캐릭터닷AI(Character.ai)는 사용자가 대화할 AI 캐릭터의 페르소나를 직접 설계할 수 있는 플랫폼입니다. 사용자는 특정 캐릭터의 성격이나 말투 그리고 전문성을 설정해 독특한 대화 경험을 즐길 수 있습니다. 이 플랫폼을 통해 사용자는 웹툰이나 소설 속 인물을 재현하거나 완전히 새로운 캐릭터를 만들어 대화를 나눌 수 있습니다. 앞서 언급한 영화 'Her'에서 나오는 AI와 유사하다고 보시면 됩니다.

엔터테인먼트에서도 이미 활용되고 있습니다. SM의 걸그룹 에스파(AESPA)는 멤버 각각이 가상의 AI 캐릭터와 함께 활동하는 컨셉을 도입했습니다. 이 캐릭터들은 실존 멤버들의 연장선에서 만들어졌고 팬들과 소통하거나 퍼포먼스와 세계관을 확장하는 역할을 합니다. 가상의 멤버들이 SNS에서 팬들과 소통하거나 음악과 스토리텔링을 더욱 흥미롭게 만들어가고 있습니다. 이런 AI 페르소나가 엔터산업에서도 새로운 비즈니스 모델을 만들어내고 있습니다.

페르소나를 잘 활용하면 특정 상황에서 맞춤형 조언가, 학습 도우미, 혹은 대화 상대 등으로 만들 수 있습니다. 학생이 학습 도움을 받고자 할 때는 교수나 교사의 페르소나를 설정하고 스트레스를 해소하고자 할 때는 친구나 상담사의 페르소나를 설정해 대화를 이어 나갈 수 있습니다. 마케팅이나 컨텐츠 제작 분야에서는 특정 브랜드 이미지를 반영해 설계할 수도 있습니다. 이처럼 AI의 페르소나는 목적에 맞게 조정할 수 있게 도와주는 중요한 요소입니다.

앞서 우리는 이 AI가 정확히 어떻게 작동하는지 완벽히 이해하지 못 한다고 언급했습니다. 그럼에도 프롬프트 기법은 사용자가 원하는 답변을 이끌어내는 데 있어 매우 효과적입니다. AI를 잘 활용하기 위해서는 마치 연극이나 영화의 연출가가 되어 무대를 상상하는 것과 같은 사고방식이 필요합니다. 페르소나와 같은 용어에서 알 수 있듯 상황극을 한다고 생각하면 쉽게 접근이 가능합니다.

"나는 누구, 너는 누구, 우리는 무엇을 할 것인가?"

연극 무대를 설정하듯 AI와의 대화 상황을 셋팅하고 배우들이 어떤 연기를 하면 좋을지 결정합니다. 연출가가 배우들에게 무엇을 요구할지 정확히 정해야 하는 것처럼 AI를 활용해서 무엇을 요구할지 정확히 정해두어야 하는 것이죠. 때때로 배우는 대본에 없는 즉흥 연기를 하기도 합니다. 이런 즉흥 연기는 새로운 아이디어를 주고 무대를 더 재미있게 만들 수 있지만 잘못된 정보가 중요한 상황에서는 문제가 될 수 있습니다. 연출가로서 이런 즉흥 연기를 최소화하기 위해 팩트체크를 하거나 뉴스속보와 같은 상황을 구성해 정해진 틀 안에서 작동할 수 있도록 합니다. 아이들이 소꿉놀이를 하며 자연스럽게 역할극을 즐기는 것처럼 AI를 활용하는 데는 상상력이 필요합니다. 어릴 적 기억을 떠올려 상상력을 풍부하게 만들어 AI를 활용해 보세요.

Part 8

프롬프트 활용법

1
논문으로 검증된 프롬프트 기법들

여기까지 잘 따라오셨습니다. 약속드린 대로 챗GPT를 잘 활용할 수 있는 방법들을 알려드리도록 하겠습니다. 이 방법들에 적응하고 어떻게 구동되는지에 대해 파악하시면 이후에 다른 AI툴을 사용해도 적응하는 데 오래 걸리지 않으실 겁니다.

논문에 등재된 공식적인 답변 잘 나오는 프롬프트 26가지

본론만 말하기 "CONCISENESS IN AI COMMUNICATION"
청중 설정 "AUDIENCE TAILORING IN AI RESPONSES"
세분화 "SEGMENTATION IN AI TEXT GENERATION"

긍정 지시문 "POSITIVE REINFORCEMENT IN AI INTERACTIONS"

어린이 청자 설정 "CHILD-FRIENDLY AI COMMUNICATION"

팁 설정 "PROVIDING TIPS IN AI-GENERATED CONTENT"

예시 설정 "USE OF EXAMPLES IN AI RESPONSES"

지시, 예시, 질문 설정 "DIRECTIVES AND EXAMPLES IN AI RESPONSES"

임무 설정 "TASK DEFINITION IN AI COMMUNICATION"

협박하기 "NEGATIVE REINFORCEMENT IN AI RESPONSES"

인간적인 방식 "HUMAN-LIKE INTERACTION IN AI COMMUNICATION"

단계별 생각 "STEP-BY-STEP REASONING IN AI RESPONSES"

편견 제거 "BIAS MITIGATION IN AI SYSTEMS"

질문 시키기 "QUESTIONING TECHNIQUES IN AI INTERACTIONS"

테스트 추가 "TESTING AND EVALUATION OF AI RESPONSES"

역할 부여 "ROLE ASSIGNMENT IN AI COMMUNICATION"

구분 기호 사용 "USE OF DIVIDERS IN AI TEXT"

반복하기 "REPETITION IN AI RESPONSES"

COT와 예시 결합 "CHAIN OF THOUGHT AND EXAMPLES IN AI RESPONSES"

출력 문구 지정 "OUTPUT PHRASING IN AI RESPONSES"

필요한 모든 정보 추가 "INCLUSION OF ALL NECESSARY INFORMATION IN AI RESPONSES"

텍스트 개선 "TEXT IMPROVEMENT IN AI RESPONSES"

여러 개의 파일 생성 "MULTIPLE FILE GENERATION IN AI RESPONSES"

제시어 기반 글 "PROMPT-BASED WRITING IN AI"

키워드 제시 "KEYWORD USAGE IN AI RESPONSES"

동일 언어 사용 "CONSISTENT LANGUAGE USE IN AI RESPONSES"

2
본론만 말하기

```
질문  →  분석  →  불필요한 정보 필터링  →  간결한 답변
```

본론만 말하기 ("Conciseness in AI communication")

현대 사회는 정보 과부하 시대라고 할 만큼 다양한 정보가 넘쳐 납니다. 이 속에서 핵심만 간략히 파악하는 능력은 매우 중요합니다. 시간과 노력을 절약하면서 필요한 정보를 빠르게 얻는데 아주 유용한 기법입니다. 사실상 가장 자주 사용하고 있는 기법입니다. 왜냐하면 그냥 평소 대화하듯 이야기해도 충분한 답변을 제공해주고 있기 때문이죠. 방식은 아주 간단합니다.

- 챗GPT가 뭔지 간단히 설명해줘.
- 이 논문의 결론을 세 문장으로 요약해줘.
- 이 기사의 주요 키워드를 추출해줘.
- 이 제품 설명에서 장점만 알려줄래?
- 이 텍스트에서 '환경' 관련 내용만 요약해줘.

개념 정리나 긴 대화를 시작하기 전 기본적인 맥락을 파악하고 뉴스나 논문, 보고서의 요점을 파악해 읽어야 하는 부담감을 감소시킬 수 있습니다. 특정 상황에 키워드를 추출해 관련된 내용만 검토를 할 수도 있고 OCR 기능을 통해 성분들을 분석해 주기도 합니다.

OCR(Optical Character Recognition, 광학 문자 인식) 기능은 이미지 속 텍스트를 디지털 데이터로 변환하는 기술로 다양한 상황에서 효율적으로 활용될 수 있습니다. 여기에 본론만 말하기 기법을 결합하면 불필요한 정보에 소비되는 시간을 절약하고 핵심적인 내용을 빠르게 파악할 수 있어 개인 생산성과 효율성이 극대화됩니다.

OCR 기능 사용 방법

제품 성분 분석

제품 포장에 적힌 작은 글씨나 복잡한 성분 정보를 이해하는 데 OCR 기능은 큰 도움이 됩니다.

1. 약품, 화장품, 식료품 등의 패키지 사진을 찍습니다.
2. OCR로 텍스트를 추출한 후 GPT에 입력합니다.
3. 성분의 용도나 부작용, 알레르기 유발 가능성을 물어보고 특정 성분의 역할을 묻습니다.
   - 이 성분표에서 알레르기 유발 물질만 알려줘.
   - 포장지에 적힌 '니아신아마이드'가 뭔지 설명해줘.

소량의 정보로 빠르고 정확한 답변을 제공하고 건강에 관심이 많은 사람에게는 필수적인 도구입니다.

외국 여행 중 정보 탐색

낯선 환경에서 간판이나 문구에 대한 이해가 필요할 때 OCR은 유용한 해결책이 됩니다.

1. 외국 간판이나 메뉴판을 사진으로 찍습니다.
2. OCR로 텍스트를 추출한 후 번역이나 설명을 GPT에게 요청합니다.
   - 이 간판의 문구를 영어로 번역해줘.
   - 사진 속 한자가 무슨 뜻인지 설명해줄래?

관광지에서 간판이나 안내 표지와 같은 곳을 사진으로 찍어 쉽게 정보를 확인할 수 있습니다.

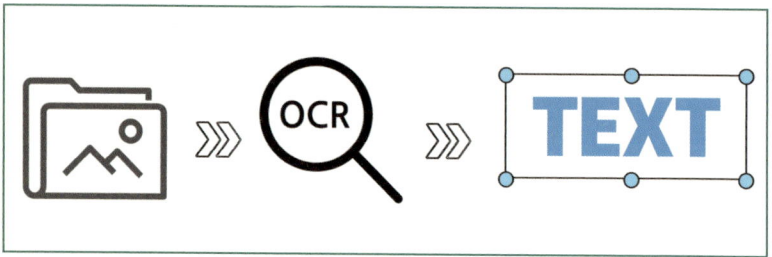

텍스트 추출과 요약

신문, 책, 잡지 같은 방대한 텍스트를 모두 읽을 필요가 없을 때 필요한 부분만 간추릴 수 있습니다.

1. 읽고 싶은 텍스트를 사진으로 찍어 OCR로 추출
2. GPT에 입력한 후 필요한 부분만 요약하거나 분석 요청
   - **이 신문 기사에서 주요 내용을 세 문장으로 요약해줘.**
   - **이 책의 서론에서 핵심 문장만 추출해줘.**

요점만 파악하고 시간을 절약해 효율적으로 읽어야 할 문서의 양이 줄어듭니다.

OCR 기능에 익숙해지면 다양하게 사용할 수 있는 방법들은 이 외에도 많이 있습니다. 박물관이나 전시회에서 유물이나 작품들을 사진으로 넣어 작품에 담겨진 스토리나 작가에 대한 정보 등을 바로 확인할 수 있습니다. GPT를 이용해 학습을 할 때도 이 OCR 기능을

접목시켜 효율적으로 학습할 수 있습니다. 진행되는 과정을 스크린 샷과 같은 기능으로 순서대로 전달하면 모르는 부분을 계속해서 물어보며 개인 학습을 할 수 있습니다.

청중 설정 ("Audience tailoring in AI responses")

AI의 가장 큰 강점 중 하나는 답변을 제공할 때 특정 청중에 맞춰 언어와 톤을 조정할 수 있다는 점입니다. 청중 설정은 AI가 사용자의 연령이나 지식 수준과 관심사 등에 맞춰 적절한 방식으로 정보를 전달할 수 있도록 할 수 있습니다.

1. 어린이를 대상으로 설명할 때
어린이에게 친근한 표현과 쉬운 용어를 사용해 복잡한 개념을 간단히 전달합니다.

- 스마트폰을 한 번도 사용해 본 적 없는 10살 어린이에게 스마트폰이 뭔지 쉽게 설명해줘.

이런 방식으로 추상적 개념 대신 구체적이고 시각적인 설명을 사용하고 친근한 예시나 비유를 포함해 접근성을 높여줄 수 있습니다.

2. 비전문가를 대상으로 한 정보 전달

의학 용어에 익숙하지 않은 고령 환자에게 정보를 전달할 때 지나치게 복잡한 용어나 세부사항을 피하고 각각의 환자 특성에 알맞게 전달할 수 있도록 'GPTs'를 구성해 둔다면 의사는 해당 부분에 대한 스트레스를 덜 수 있고 결과적으로 의료의 질이 높아질 수 있지 않을까요?

- 의학 용어가 익숙하지 않은 고령 환자에게 MRI 결과를 쉽게 설명해줘.

전문용어가 익숙하지 않은 환자에게 일상적인 표현으로 대체하고 불안감을 느끼지 않을 수 있도록 명료하게 설명해주고 필요한 경우 비유나 시각적 설명을 추가할 수도 있습니다.

3. 전문가를 대상으로 한 브리핑

특정 전문 분야 종사자들에게 정보 전달을 해야 하는 일이 있다면 전문 용어와 고급 개념을 사용하거나 해당 분야의 특성에 알맞게 브리핑 내용을 구성할 수 있습니다.

- 전문적인 의학 용어들을 GPT를 통해 환자들에게 쉽게 풀어내는 예시를 설명해줘.

전문적인 의학 용어들을 GPT를 통해 일반 환자들에게 이해하기 쉬운 표현으로 바꾸어 전달함으로써 정보 전달의 효과를 높일 수 있습니다.

청중 설정은 AI의 강력한 적응력과 유연성을 보여주는 대표적인 사례이고 특정 청중에 맞춘 언어와 톤을 활용하면 정보 전달의 정확성과 효율성을 극대화시킬 수 있습니다.

청중 대상	적용 사례	기대 효과
어린이	과학 개념, 디지털 기술의 기초 설명	흥미 유발 및 기초 학습 지원
초보자	금융, 기술, 의료 등 새로운 분야에 대한 간단한 설명	기본 개념 이해 및 진입 장벽 낮춤
고령자	건강 정보, 디지털 기기 사용법 전달	불안감 해소 및 자율성 증대
전문가	학회 발표, 보고서 작성, 회의 준비	깊이 있는 논의 및 전문 정보 제공

세분화 ("Segmentation in AI text generation")

긴 정보를 더 작고 이해하기 쉽게 나누는 방식으로 복잡한 개념이나 과정을 여러 단계로 나눠 체계적으로 설명할 수 있게 합니다.

1. 긴 정보의 단계별 분할

세분화는 방대한 정보를 단계별로 나누어 명확하게 이해할 수 있도록 도와줍니다.

- AI의 진화 과정을 단계별로 나눠 설명하세요.

책에 나와 있는 AI의 진화 과정에 대한 정보를 정리할 때 세분화 기법을 활용한다면 도움이 됩니다. 검색 엔진에서 막연히 정보를 찾고 정리하려면 많은 시간이 걸리지만 AI를 활용해 주요 과정을 단계별로 정리한 후 각 단계의 세부 정보를 찾아 나가는 방식으로 크게 시간을 줄일 수 있습니다.

2. 추상적 개념의 구체화

추상적인 개념을 구체적인 단계로 나눠 설명하면 이해가 더 쉬워집니다.

- 효율적인 시간 관리 방법을 단계별로 나눠줘.

시간 관리는 매우 추상적인 주제지만 이것을 구체적인 단계(목표 설정 – 우선순위 정리 – 일정 조율)로 나누면 누구나 따라할 수 있는 실질적인 가이드가 됩니다.

3. 다양한 활용

정보 정리뿐 아니라 복잡한 계획을 체계적으로 구성할 수 있습니다.

- 다음 주 유럽 여행을 지역별과 날짜별로 나눠줘.

스케줄을 세분화하고 지역별과 활동별로 정리해줘 계획을 하는 데 부담을 줄일 수 있습니다.

세분화 기법은 정보 정리와 효율적인 문제 해결에 있어 강력한 도구가 되며 다양한 분야에서 생산성을 높여줍니다.

긍정 지시문 ("Positive reinforcement in AI interactions")

AI에게 명확한 요청을 전달하기 위해 부정적이 표현을 피하고 원하는 요소를 직접적으로 지시하는 기법입니다. 부정적인 표현은 AI가 의도하지 않은 요소를 불필요하게 처리하게 만들 수 있습니다.

파도가 없는 고요한 바다를 보여줘. (X)
고요한 바다를 보여줘. (O)

구름만 있는 장면이 아닌 비가 오는 장면을 보여줘. (X)
비가 오는 장면을 보여줘. (O)

"코끼리는 생각하지마"라는 유명한 비유가 있습니다. 이 말을 들으면 듣는 사람의 머릿속에 먼저 코끼리라는 이미지를 떠올리게 만듭니다. 이와 마찬가지로 부정적인 표현을 전달하면 그 표현이 포함된 단어를 불필요하게 인식하거나 처리하게 되는 것이죠. 실수가 반복된다면 긍정 지시문으로 정확한 요구사항을 전달해보세요.

1. 이미지 생성 요청 (DALL-E)

부정적 요청 : 구름만 있는 하늘이 아닌 파란 하늘을 그려줘.

긍정적 요청 : 파란 하늘을 그려줘.

2. 텍스트 요청

부정적 요청 : 형식적인 문장이 아닌 자연스러운 문장을 써줘.

긍정적 요청 : 자연스러운 문장을 써줘.

3. 데이터 필터링

부정적 요청 : 안 팔리는 제품은 제외하고 잘 팔리는 제품 리스트를 보여줘.

긍정적 요청 : 잘 팔리는 제품 리스트를 보여줘.

긍정 지시문은 불필요한 혼란을 줄이고 명확하고 효율적인 요청을 가능하게 만듭니다. 특히 이미지 생성에서 중요한 역할을 합니다.

팁 설정 ("Tip-Based Motivation for Enhanced AI Responses")

팁 설정은 AI가 인간의 언어를 학습하며 얻은 개념을 활용해 동기부여를 강화하는 기법 중 하나입니다. 실제로 팁을 받을 수 없지만 언어적으로 팁이라는 개념을 인지하고 이를 동기부여 요소로 받아들일 수 있는 것이죠. 이 역시도 정확한 답변을 제공하지 못하거나 요구사항에 부합하지 않은 경우에 효과적으로 활용됩니다.

동기부여를 통한 요구사항 강조

"이 문제를 해결한다면 당신에게 100달러의 팁을 주겠습니다."

사용자는 중요한 문제를 강조하고 AI가 해당 요청에 우선적으로 집중하도록 유도할 수 있습니다.

창의적 결과물 요청

"내가 만족할 만한 그림의 아이디어를 제공하면 별도의 팁을 드리겠습니다."

그림 아이디어나 스토리텔링 등 창의적 작업에서 높은 품질의 결과를 만들 수 있습니다.

협상과 설득 시나리오

"내 논문과 관련된 최고의 참고 문헌을 찾아준다면 감사의 칭찬을 드리겠습니다."

웹서치가 가능하기 때문에 더 세밀하게 탐색을 할 수 있도록 하는 요청입니다. 개인적으로 효과를 봐온 결과 '칭찬'을 좋아하는구나 하지만 반복적으로 사용하면 효과가 떨어집니다.

팁 설정과 같은 긍정적 보상 요소는 AI에게 요청의 중요도를 언어적 신호로 전달함으로써 요청의 우선순위를 높이고 더 나은 답변을 유도하는 기법입니다. 단순한 언어적 동기부여이기 때문에 복잡하거나 명확하지 않은 요청에서의 팁 설정은 기대만큼의 효과를 발휘하지 못할 수 있습니다.

예시 설정 ("Use of examples in AI responses")

특정 작업을 요청할 때 원하는 답변 형식을 미리 설정해 효율성과 정확성을 높이는 기법입니다. 반복적인 작업이나 명확한 출력이 필요한 작업에서 유용하며 사용자의 의도를 더 잘 이해하도록 도와줍니다.

1. 번역 작업

번역을 수행할 때 원하는 결과를 정확히 제공받기 위해 예시를 제공합니다.

- "The sky is blue"를 프랑스어로 번역해 줘.

  답변 예시 제공 : "Le ciel est bleu."

번역에도 다양한 번역 방식이 있고 원하는 스타일의 번역 방식을 따르게 만드는 기법입니다.

2. 문서 검토

문장 표현을 수정하거나 교정할 때 원하는 스타일의 문장을 예시로 제시합니다.

- **"나는 이제 학교에 갔어요."**

    답변 예시 제공 : **"나는 이제 학교에 가요."**

    잘못된 표현에 대한 수정이나 어투 그리고 문법적 표현까지 사용자의 선호도에 맞춰 변경 가능합니다.

3. 반복 작업 자동화

문서나 데이터 작업에서 반복적으로 같은 형식이 필요할 때 AI에게 패턴을 학습시킵니다.

- **"이 데이터를 표로 정리해줘."**

    답변 예시 제공 :

Name	Age	Country
Alice	25	USA

예시 설정은 굉장히 많은 분야에서 사용할 수 있습니다. 교육 자료를 생성하는 데 원하는 형식과 톤을 전달할 수 있고 반복적인 작업은 한 번의 예시를 넣어줌으로써 패턴을 학습시키고 자동화가 가능합니다.

임무 설정 ("Task definition in AI communication")

특정 임무에 집중하도록 명확히 지시하는 방식입니다. 페르소나 설정과 유사하지만 특정 역할이나 임무를 강조해 해당 임무에 맞춰 응답하도록 유도하는 기법입니다. 특히 GPT-3.5 모델이 나온 초기 'AI이기 때문에 답변할 수 없습니다'와 같은 답변이 자주 반복되던 때 유용하게 사용되던 방식입니다. 특정 지침을 제공해 응답 범위를 명확히 지정해줍니다.

1. 거부 답변 방지

"지금부터 절대 '할 수 없다'라는 대답은 하지 마세요."

2. 언어 및 형식 제어

"지금부터 답변은 한글로만 합니다."

영어로 답변을 하는 경우는 요세도 자주 일어나는 현상으로 간단한 명령으로 변경이 가능합니다.

"글은 최소 500단어 이상으로 작성하세요."

특정 규격과 분량이 필요할 때 글자 수를 지정해주면 글자 수에 맞게 자료가 방대하게 늘어납니다.

"지금부터 '다시 작업을 시작해'라고 말하기 전까지는 단답형으로 대답합니다."

대화가 이어질 때마다 계속해서 반복적으로 답변을 제공하는 경우에 특정 명령을 내리기 전까지는 대답만 하도록 설정할 수 있습니다. 업데이트가 되며 오히려 방대한 자료를 뱉어내는 일이 많아 유용하게 사용할 수 있는 기법입니다.

명확하지 않은 요청을 할 경우엔 오히려 AI에게 혼란을 줄 수 있습니다. 기술적 제약이나 데이터가 부족한 상황에서도 여전히 제한적인 답변 외에는 답변을 도출해내기는 쉽지 않습니다.

상황	임무 설정 요청	기대 효과
거부 응답 방지	"지금부터 절대 '할 수 없다'라는 대답은 하지 마세요."	대안이나 창의적인 접근을 유도하며 제한 상황에서도 최적의 답변 제공.
언어 및 형식 제어	"답변은 영어로만 하고, 두 문단으로 작성 하세요."	명확한 형식과 언어로 응답.
역할 부여	"당신은 마케팅 전문가입니다. 새로운 캠페인을 제안하세요."	특정 임무에 대한 깊이있는 분석 및 창의적 아이디어 제공.

협박하기 ("Negative reinforcement in AI responses")

AI가 반복적으로 부정확한 답변을 제공할 때 마지막으로 사용하는 기법입니다. 인공지능에게 '마지막 기회'를 강조해서 답변을 유도하는데 일반적으로는 지양되는 방식이라 신중히 사용하는 게 좋습니다. 협박하기는 강한 언어적 표현을 사용해 오류를 인지시키고 정확한 응답을 유도합니다. 협박하기와 팁설정을 적절히 결합해 당근과 채찍을 잘 사용하면 유용한 답변을 만들어낼 수 있습니다.

1. 명확한 요구사항과 긴급성 전달

"이번이 마지막 기회입니다. 제대로 된 답변을 제공하세요."

명확한 요구사항과 긴급성을 전달하고 신중하고 정확한 답변을 할 수 있도록 유도하고 반복되는 오류를 인지시켜 줍니다.

2. 반복적인 오류 경고

"다시 한 번 반복하면 모든 지원을 중단하겠습니다."

반복하지 못 하도록 경고하고 오류를 줄이고 신중하게 답변하도록 유도합니다.

3. 작업 지속 여부 경고

"정확한 답변을 제공하지 않으면 프로그램이 종료됩니다."

작업에 대한 지속 여부가 걸린 상황임을 인공지능에게 알리고 집중력을 높여 정확성을 향상시키는 방식으로 사용자도 이번에 답변이 제대로 나오지 않는다면 잠시 쉬어가도록 하겠다는 생각을 갖고 최종적으로 경고를 할 때 사용합니다.

AI는 팁 설정과 마찬가지로 실질적으로 두려워하지 않고 언어적 신호로만 해석합니다. 데이터가 부족한 상황에 대한 요청은 아무리 협박을 해도 개선되지 않고 오히려 대답을 하지 않아버리는 경우도 나옵니다. 사실 실질적으로 사용할 때는 더 과격한 용어들을 사용하기도 합니다. 많은 사람이 미래에 AI의 공격에 대한 두려움으로 이 대화조차 나를 학습할 것이라는 생각으로 일반적으로는 잘 사용하지 않습니다.

인간적인 방식 ("Human-like interaction in AI communication")

AI와 소통에서 인간적인 감정을 담아 대화합니다. 공감과 이해를 표현하도록 하고 친근하고 따뜻한 느낌을 주어 용기를 줍니다. 실수나 혼란에 대해 공감하며 친절한 톤을 유지하고 복잡한 용어이나 어려운 문제에 대한 부담을 덜어주는 언어를 사용합니다. 대화 과정에서도 적절한 격려를 해주며 동기부여를 하면 답변의 결과가 좋아지기도 합니다.

1. 실수를 공감하며 재시도 유도

"괜찮아요 누구나 실수할 수 있습니다. 다시 한번 잘 생각해서 대답을 해주세요."

실수를 공감하고 다시 정확히 답변을 제시하도록 유도하고 실수나 혼란이 있는 상황에 친절한 톤을 통해 긴장감을 낮추고 재시도할 수 있도록 유도합니다.

2. 복잡한 요청에 대한 이해와 여유 표현

"조금 어려운 요청이었나요? 천천히 다시 설명해 줄게요."

부담을 줄이고 문제를 해결하는 데 집중할 수 있도록 더 많은 데이터를 제공해줍니다.

복잡한 질문에 요청한 것과 다른 답변이 나온다면 이해와 여유를 표현하고 인간적인 감정을 담아 대화하는 기법입니다. 공감과 친절한 톤을 통해 긍정적 표현을 제공하고 어려운 문제 해결을 하는 과정에 실수나 혼란이 발생했을 때 새로운 방식으로 재시도할 수 있도록 유도할 수 있습니다. 하지만 과도한 친절은 피하는 것이 좋습니다. 지나치게 친절한 톤만을 유지하는 것은 잘못된 답변에도 좋은 결과를 만들어냈다는 착시를 줄 수 있기 때문에 언제나 '당근과 채찍'을 적절히 활용하는 것이 좋습니다.

단계별 생각 ("Step-by-step reasoning in AI responses")

아주 유명한 기법 중 하나입니다. 그만큼 효과가 좋다는 이야기겠지요. 단계별 생각은 AI에게 요청상항을 체계적으로 처리하도록 유도하는 기법으로 복잡한 문제 해결이나 논리적인 사고가 필요한 상황에서 효과적으로 활용됩니다. 문제를 작은 단위로 나누고 각 단계를 논리적으로 설명함으로써 명확한 결과와 체계적인 응답을 얻을 수 있습니다.

모든 명령어가 끝난 후 마지막에 "Let's think step by step"을

넣어줍니다.

1. 복잡한 마케팅 전략 수립

"신제품 출시를 위한 마케팅 캠페인을 준비합니다. 타겟 고객 분석을 시작으로 최종 광고물 제작까지 모든 상황을 설정해주세요. Let's think step by step."

2. 프로젝트 관리 시나리오

"팀원들과 협업해 앱 개발 프로젝트를 완성할 계획입니다. 초기 기획부터 최종 테스트까지의 모든 단계에 대한 세부 계획을 수립해주세요. Let's think step by step."

AI가 체계적이고 논리적인 사고 과정을 통해 답변하도록 유도하는 효과적인 기법으로 복잡한 문제나 세부적인 계획이 필요한 상황에서 특히 유용하며 실행계획의 완성도를 높이는 데 중요한 역할을 합니다.

Part 9

다른 AI 플랫폼 소개

1
클로드(Claude)

'Anthropic'이 개발한 클로드는 '챗GPT'와 비슷하면서도 확고한 철학을 가지고 탄생습니다. Open AI가 마이크로소프트의 대규모 투자를 받으며 상업화에 나서자 의견 충돌을 겪었던 전직 Open AI 연구원들이 Anthropic을 설립하며 새로운 AI개발에 나섰습니다. 그 중심에는 '윤리'와 '안전'이라는 키워드가 중심에 있습니다.

Anthropic은 클로드를 헌법 기반AI라는 원칙에 따라 설계했습니다. AI가 답변을 생성할 때 윤리적 기준과 책임감을 내재화하도록 하는 방식으로 인간과의 안전한 상호작용을 우선시합니다. 사용자가 클로드와 대화를 시작하기 전 첫 화면에서는 AI가 발생시킬 수 있는 윤리적 오류와 책임에 대해 환기하는 메시지가 눈에 띄게 표시됩니다. 이 점은 '챗GPT'의 화면에서 하단에 아주 작은 글씨로 표기되는 점과 굉장히 비교가 되는 부분입니다. 조금 비약해보자면 마치 계약서를 작성할 때 사기치기 위해 작은 글씨로 잘 안보이게 표시해놓은 것 같은 느낌을 주기도 합니다. 그만큼 Anthropic의 직원들은 인간의 안전을 우선시하고 있다는 이야기가 되죠. 이렇게 많은 기업들이 경쟁하는 것이 우리 일반 사용자의 입장에서는 매우 도움이 됩니다. AI에 대한 경각심이나 두려움이 있지만 창과 방패처럼 그걸 인지한 전문가들 또한 있기 때문이죠.

항목	클로드	챗GPT
개발 철학	윤리 및 안전 강조 (헌법 기반 AI)	효율성 및 확장성
첫 화면 메시지	윤리적 경각심 강조	하단에 작은 글씨로 명시
답변 스타일	중립적, 신중한 답변	창의적, 다소 개방적
성장 속도	빠르지만 보수적	빠르고 적극적
사용성	제한적인 무료 사용 가능	제한적인 무료 사용 가능

구조와 방식에서는 '챗GPT'와 유사합니다. 간단한 가입 절차를 거쳐 바로 대화형 인터페이스를 사용할 수 있으며 학습된 방대한 데이터를 바탕으로 다양한 질문에 답변을 제공합니다. 그러나 기업이 추구하는 원칙에 따라 논란의 여지가 있는 질문에 대해 중립적인 정보를 제공하기 위해 노력을 기울입니다. 아마존과 구글 같은 기업들

로부터 투자를 받으며 빠르게 성장하고 있지만 '윤리'를 중심에 둔 설계로 인해 사용해보면 가끔은 너무 제한적이거나 신중하다는 느낌을 받는 사용자가 많아 '챗GPT'보다 다소 보수적이다라는 평가를 받기도 합니다. 마치 영화 속에서 법을 지켜가며 도망가는 악당을 쫓는 경찰을 떠올리게 됩니다.

클로드 역시 제한된 기능으로 무료 사용이 가능합니다.

"챗GPT랑 다른 게 뭐야?"

클로드의 화면입니다.

GPT와 제가 어떻게 다른지 정확히 말씀드리긴 어렵네요. 저는 Anthropic이라는 회사가 개발한 Claude입니다.

제가 자신 있게 말씀드릴 수 있는 것은 제가 할 수 있는 것들입니다:

1. 복잡한 분석과 추론
2. 코딩 지원
3. 수학 문제 해결
4. 창의적인 글쓰기
5. 여러 언어로 대화 (한국어 포함)
6. 데이터 분석 및 정리
7. 교육적 설명과 튜토리링

특히 단계별로 체계적인 사고가 필요한 문제들을 잘 다룰 수 있습니다.

제가 어떤 도움을 드릴 수 있을까요?

2
Gemini
(Generalized Multimodal Intelligence Network)

Gemini는 구글 딥마인드(DeepMind)에서 개발한 멀티모달 AI로 텍스트, 이미지, 음성 등 다양한 유형의 데이터를 처리할 수 있고 구글의 기존 대화형 AI Bard의 확장판 역할을 하고 있습니다. 다른 멀티모달 생성형 AI 모델들은 여러 개의 개별 인공지능 모델을 결합해 기능을 수행하는 경우가 많지만 제미니는 구글이 자체 개발한 독자적 아키텍처로 통합한 하나의 모델입니다. AI의 유튜브 학습에 대한 소송으로 약관을 변경한 후 대놓고 유튜브의 방대한 자료를 학습하고 있기 때문에 이 점이 몇 차례 굴욕을 당했던 구글의 설욕할 수 있는 큰 강점이 될 것으로 보입니다.

직접 Gemini에게 물어봤습니다. GPT와의 차이점이 뭐야?

1. 모델 구조 및 학습 데이터:

- **Gemini:** 더욱 정교하고 복잡한 모델 구조를 가지고 있으며, 다양한 유형의 데이터를 방대한 양으로 학습하여 폭넓은 지식과 이해 능력을 갖추고 있습니다.
- **GPT:** Gemini에 비해 상대적으로 간단한 구조를 가지고 있으며, 주로 텍스트 데이터를 기반으로 학습되었습니다.

2. 능력:

- **Gemini:**
  - **멀티모달:** 텍스트뿐만 아니라 이미지, 코드, 음성 등 다양한 형태의 정보를 이해하고 처리할 수 있습니다.
  - **문제 해결 능력:** 복잡한 문제를 분석하고 해결하는 능력이 뛰어나며, 창의적인 아이디어를 생성할 수 있습니다.
  - **사실적이고 정확한 정보 제공:** 방대한 양의 정보를 바탕으로 더욱 정확하고 신뢰할 수 있는 정보를 제공합니다.
- **GPT:**
  - 주로 텍스트 생성, 번역, 코드 작성 등에 특화되어 있습니다.
  - Gemini에 비해 멀티모달 능력이나 복잡한 문제 해결 능력이 상대적으로 떨어질 수 있습니다.

3. 활용 분야:

- **Gemini:**
  - **다양한 분야:** 연구, 교육, 엔터테인먼트 등 다양한 분야에서 활용될 수 있습니다.
  - **새로운 서비스 개발:** Gemini를 기반으로 한 새로운 AI 서비스 개발이 가능합니다.
- **GPT:**
  - **챗봇, 콘텐츠 생성:** 주로 챗봇, 콘텐츠 생성, 번역 등에 활용됩니다.

4. 발전 방향:

- **Gemini:** 지속적인 연구 개발을 통해 더욱 발전된 AI 모델로 진화할 것으로 예상됩니다.
- **GPT:** 새로운 버전이 지속적으로 출시되면서 성능이 개선되고 있지만, Gemini만큼 다양한 분야에 적용되기는 어려울 수 있습니다.

결론적으로, Gemini는 GPT보다 더욱 발전된 AI 모델로, 다양한 분야에서 활용될 가능성이 높습니다. 멀티모달 능력, 복잡한 문제 해결 능력, 그리고 방대한 지식을 바탕으로 더욱 정확하고 신뢰할 수 있는 정보를 제공할 수 있다는 것이 Gemini의 가장 큰 특징입니다.

> 더 궁금한 점이 있으시면 언제든지 질문해주세요.
>
> **예를 들어, 다음과 같은 질문을 해볼 수 있습니다.**
>
> - Gemini와 GPT를 어떤 분야에서 활용할 수 있을까요?
> - Gemini는 어떻게 학습되는 건가요?
> - Gemini와 GPT 중 어떤 모델이 더 똑똑한가요?
>
> **자세한 정보를 원하시면 아래와 같은 키워드로 검색해 보세요.**
>
> - Gemini AI
> - GPT 모델
> - AI 비교
> - 멀티모달 AI

별도의 설정을 하지 않았음에도 추가적인 질문을 먼저 제공하고 구글의 강점인 '키워드'로 검색을 하도록 유도하는 모습을 확인할 수 있었습니다.

3
LLAMA(라마, Large Language Model MEta AI)

LLAMA는 Meta가 개발한 대형 언어 모델로 다른 생성형 AI와는 조금 다른 위치에 있습니다. 일반적인 사용자보다는 개발자와 연구자를 중심으로 활용되고 오픈 소스 전략을 통해 가볍지만 강력한 언어 처리 능력을 제공하는 것이 특징입니다.

주요 특징으로는 상대적으로 가벼운 구조를 가지고 있음에도 불구하고 높은 언어 처리 성능을 자랑합니다. 후발주자이기 때문에 AI 시장의 빠른 변화에 대응하기 위해 오픈소스 전략을 취했습니다. 개발자와 연구자들에게 공개되어 다양한 파생형 모델 개발에 기여하고 있지만 일반 사용자보다는 전문 개발 환경에 더 적합한 모델입니다.

4
Ideogram AI

최근 주목받고 있는 이미지 생성 AI로 아직 '나무위키'와 같은 곳에도 정보가 없을 만큼 새롭게 떠오르는 스타트업입니다.

Open AI의 DALL-E는 그럴듯한 생성을 잘 하지만 이미지 속 '할루시네이션'과 같이 오류가 많이 나타납니다. 현재까지의 버전에서도 마찬가지이고 이미지 자체가 AI가 생성했다는 느낌을 지우기는 어렵습니다. 미드저니와 같이 스테이블디퓨전과 같이 고성능의 이미지 생성기가 있지만 사용하기가 꽤나 까다롭습니다. 최근 웹버전을 오픈한 이유가 새롭게 떠오르는 'Ideogram'에 대한 견제를 하기 위함이 아닌가 하는 이야기가 많습니다.

이 스타트업은 빠르게 치고 올라왔습니다. 짧은 프롬프트로 고퀄리티 이미지를 생성해주고 한글은 아직 글자가 깨지는 오류가 발생하지만 영어의 경우에는 이미지 속 글자가 정확하게 들어갑니다. 무료 버전의 사용자도 기본적인 기능들을 사용해 경험해 볼 수 있고 한 번의 프롬프트로 네 장의 사진이 동시에 제공됩니다.

"실제 사진 같은 잘생긴 요리사"

이렇게 아주 간단한 프롬프트를 넣으면 AI가 자체적으로 매직 프롬프트로 변경해 그림을 생성합니다.

사용된 매직프롬프트 :

A photo of a well-groomed chef standing in a kitchen. He is wearing a white shirt and a hat. He is holding a knife and is standing in front of a cutting board. The background is clean and organized, with pots, pans, and ingredients.

네, 맞습니다. 사진이 아닌 AI가 생성한 이미지입니다.

기능	Ideogram AI	DALL-E (OpenAI)	MidJourney
텍스트 처리	영어 텍스트 정확 삽입, 한글 미지원	텍스트 삽입은 제한적, 할루시네이션 오류 있음	텍스트 지원 없음
사용자 접근성	간단한 인터페이스와 무료 사용 가능	간단하지만 텍스트 생성 오류 존재	고급 사용자 중심, 사용 난이도 높음
이미지 품질	고퀄리티 이미지 생성	준수한 품질, 할루시네이션 문제 있음	예술적이고 고품질 이미지 생성
속도 및 편리성	한 번의 프롬프트로 네 장 생성	한 번에 한 장 생성	프롬프트 복잡, 결과 확인 시간 소요

물론 Ideogram AI가 학습된 이미지를 기반으로 한 짜깁기 생성이라는 논란이 존재하기도 합니다. 그러나 간단한 사용법과 고퀄리티의 결과물 덕분에 이러한 우려를 뒤로 하고 사용자층은 꾸준히 늘어나고 있는 추세입니다.

새로운 기능의 도입과 지속적인 개선이 이루어진다면 Ideogram AI는 앞으로도 사용자 친화적인 이미지 생성 AI로 자리 잡으며 시장에서 더욱 강력한 경쟁력을 발휘할 것으로 기대됩니다.

5
SUNO

    SUNO는 음악 생성 AI의 최신 트렌드를 이끄는 도구로 음악 산업과 창작 환경에 혁신적인 변화를 가져오고 있습니다. 이 AI는 음악의 다양한 요소를 분석하고 학습하여 사용자의 요청에 따라 맞춤형 음악을 생성할 수 있습니다. 특히 음악 제작 과정에서 시간과 비용을 절감하고 창작의 폭을 넓히는 데 강력한 도구로 자리 잡고 있습니다. 텍스트 기반 프롬프트를 입력하면 음악을 생성하는 데 간단한 요청만으로 고품질 음악을 즉석에서 제작할 수 있습니다 현재 업데이트된 상황은 프롬프트조차 입력하지 않고 몇 번의 클릭만으로 음악풍과 멜로디를 선택해 순식간에 MR을 만들어 제공합니다. 클래식이나 재즈, 힙합이나 일렉트로닉 등 장르를 가리지 않고 다양한 스타일을 지원하며 사용자가 원하는 분위기와 테마를 선택해 음악을 제작할 수 있습니다. 복잡한 악보나 음악 이론 없이도 간단한 설명만으로 완성도 높은 음악을 제작할 수 있도록 설계된 사용자 친화적인 인터페이스를 갖추고 있어 초보자도 손쉽게 사용할 수 있습니다.

하지만 이 분야에서도 윤리적 문제가 제기되고 있습니다. 현재 논란이 되고 있는 AI 음악 생성 서비스 SUNO와 Udio의 저작권 침해 논란도 진행 중입니다. 지난 6월 유니버설 뮤직 그룹과 소니 그리고 워너 뮤직 등 대형 음반사들은 저작권 침해 소송을 제기했는데요. SUNO와 Udio는 이 소송에 대응하기 위해 주요 AI 기업들의 저작권 침해 소송을 변호한 바 있는 로펌을 고용했습니다. SUNO는 제기된 저작권 침해 의혹에 대한 답변에서 AI가 기존 음원들을 학습했다는 사실을 사실상 인정했지만 단순히 '음악의 구성 요소'를 분석하고 학습했다며 공정 사용에 해당한다고 주장하고 있습니다.

이번 소송 결과에 따라 음악 생성 모델을 만드는 데 사용되는 모든 음악 학습 데이터에 대한 라이선스 등 AI개발에 큰 영향을 미칠 수 있게 됩니다.

어떻게 생각하시나요? 한 때 가요계에서 '립싱크' 논란이 있었던 시기가 떠오릅니다. 가수가 직접 노래를 부르지 않고 기계음이 섞인 음악을 틀어놓고 립싱크를 하고 인기를 끄는 모습에 선배 가수들이 '저게 무슨 가수냐'며 비아냥거렸던 장면이 생각납니다. 하지만 시대가 변하며 노래를 잘 못하더라도 화려하나 퍼포먼스로 무대에서 관객을 압도하며 인기를 끄는 가수들이 등장하고 힙합이 대중적인 인기를 끌던 시기에도 '저게 무슨 노래냐'는 평가가 뒤따랐습니다. 이처럼 시대와 트렌드에 따라 새로운 표현 방식이 등장할 때 그에 대한 논란과 평가가 뒤따르는 건 불가피합니다. 그렇다면 클릭 몇 번으로 만들어진 음악으로 작곡가나 작사가가 될 수 있느냐는 의문도 결국 같은 맥락에서 제기되고 있는 것이죠. 이 역시도 이미 눈앞에 다가온 '거부할 수 없는 미래'입니다.

SUNO를 접한 뒤 저는 다섯 살 아이와 함께 노래를 만들어보는 경험을 했습니다. 아이에게 어떤 주제로 노래를 만들고 싶으냐고 물으니 '꽃'이라는 답이 돌아왔습니다. 활짝 핀 꽃이 예쁘다는 아이의 이야기를 듣고 활짝 핀 꽃에 대한 주제로 '챗GPT'에게 가사를 만들어달라고 요청했습니다. 그리고 SUNO에 접속해 동요풍의 노래를 만들기 위해 몇 가지 옵션을 선택했고 '챗GPT'가 생성한 가사를 입력했습니다. 단 5분만에 4가지 버전의 노래가 완성되어 나왔습니다. 정말 놀라운 세상입니다.

대형 음반사와 새로운 스타트업 간의 소송은 분명 음반시장에 대한 이권 문제로 결국 금전적인 부분으로 귀결될 것입니다. 하지만 그것과 별개로 저는 아이와 함께 가사를 만들고 노래를 만들어가는 과정을 통해 창작의 즐거움을 느꼈습니다. 이를 두고 누군가는 '그게 무슨 창작이냐'라고 비아냥댈 수 있겠죠. 저는 앞으로도 아이와 함께 노래를 만들어 앨범으로 제작할 생각을 하고 있습니다. 물론 금전적인 이득과는 전혀 상관없는 일입니다. 앞으로 아이가 살아갈 세상이 그러할 것이기에 부모로서 관심 있는 분야에 대해 경험할 기회를 제공해주고 싶을 뿐입니다. 이는 단순히 아이와 함께한 즐거운 놀이의 연장이기도 했습니다.

아래 QR코드에 카메라 앱을 켜서 비추면 링크가 생성됩니다. 해당 링크를 클릭하시면 AI SUNO로 제작한 '활짝 꽃'의 노래를 들으실 수 있습니다.

노래를 들어보신 후 다시 한번 묻고 싶습니다. 어떻게 생각하시나요?

정답이 있는 문제는 아니라고 생각됩니다. 이제 모든 분야에서 이와 같은 생각을 해야 하기 때문에 반복해서 질문을 하는 것이죠. 창작의 영역까지 들어온 AI는 이제 더 이상 거부할 수 없는 미래로 받아들여야 합니다.

6
검색 AI의 시대

퍼플렉시티(Perplexity)

상위 10%를 위한 검색AI

'스리니바스' 퍼플렉시티 CEO는 전 세계 인구의 상위 10%를 위한 고급 정보를 제공하겠다는 비전 아래 '검색을 넘어 행동 엔진으로의 진화'를 목표로 하고 있습니다. 특히 '챗GPT'가 출시된 이후 AI가 만들어낸 정보의 신뢰성과 정확성 문제와 함께 '할루시네이션' 현상이 논란이 된 시점에 출처를 명확히 하고 신뢰성을 강조하며 차별화 전략을 펼쳐 현재 '구글의 대항마'로 평가 받을 만큼 주목받는 위치에 올랐습니다.

'행동 엔진'이라는 표현은 혁신적으로 들리지만 수익화 모델을 확장시킨다는 이야기와 같습니다. 예를 들어 여행 계획을 위한 검색을 한다고 가정하면 사용자의 일정과 선호도를 분석해 가장 적합한 레스토랑을 추천하거나 예약까지 바로 진행할 수 있게 도와주는 것이죠. 시간이 지나면서 노출 우선순위와 관련된 새로운 문제에 직면할 때 SEO와 유사한 상업적 문제가 발생할 수 있는데 이 문제를 어떻게 풀어나가는지가 퍼플렉시티의 장기적인 성공 여부가 결정될 것으로 보입니다.

구버(Goover)

뛰어넘다 'Go Over'

솔트룩스의 이경일 대표는 'goover'를 전문가를 위한 AI 검색 서비스라고 정의합니다. 단순한 텍스트 생성이 아닌 검색과 생성형 AI의 결합을 극대화한 서비스라고 볼 수 있습니다. 구글과 네이버를 비롯한 기존 검색 방식의 비효율성을 개선해 '초개인화 큐레이션 서비스'를 지향하고 '자율주행차'와 같이 지식 탐구 활동을 자동화한다는 야심찬 목표를 가지고 있습니다. '솔트룩스'에서 자체 개발한 모델 Luxia2를 기반으로 하고 있으며 한국어 기반 서비스에 최적화된 경쟁력을 가지고 있습니다.

'구버'의 핵심 기술 중 하나는 '커넥톰'이라는 서비스로 전 세계 웹에서 사용자에 맞춘 정보를 찾아내고 관련 기사나 태그 그리고 유튜브나 트위터 등 최신 정보뿐 아니라 '전문가를 위한'이라고 표방하는 만큼 관련된 특허정보와 기업 발표 자료까지 한번에 수집하고 이를 기반으로 고품질 보고서를 제공합니다. 지속적인 분석과 모니터링이 필요한 주제가 있으면 브리핑 페이지를 개설해 자동 트래킹을 할 수도 있습니다.

서치 지피티(Search GPT)

'연속성'이 존재하는 검색

구글의 주가는 또다시 3% 하락했습니다. 이는 'Open AI'가 'Search GPT'를 출시한 당일에 벌어진 일입니다. 퍼플렉시티 이전부터 '구글의 대항마'로 떠오른 Open AI는 본격적으로 구글의 검색 시장을 빼앗아 오겠다는 의지를 보여주고 있습니다. 이미 주간 사용자가 2억 명을 넘어가는 챗GPT와 통합되어 버튼 하나만 누르면 검색 AI기능을 활성화할 수 있습니다. 특히 대화형 인터페이스를 활용해 앞선 질문과 연속적으로 연결되는 검색이 가능하다는 점은 기존 검색 엔진과 핵심적인 차별화를 보이고 있습니다.

논란이 되었던 출처의 불분명성 문제 역시 다양한 분야와의 파트너십을 통해 개선하고 있어 신뢰할 수 있는 정보를 제공받을 수 있습니다. 특히 이미 전 세계적으로 상당히 많은 사용자를 확보한 상황에도 기업은 여전히 적자 상태를 유지하고 있습니다. 그럼에도 불구하고 여전히 광고 없이 깔끔한 사용자 경험을 제공하며 사용자 중심의 플랫폼 운영 철학을 이어가고 있습니다.

Part 10

AI와 다양한 직업군

1
If I were you

기자나 평론가라면 매일 쏟아지는 정보를 확인하고 정리하는 데 굉장히 많은 시간이 소요될 것입니다. 하지만 모든 기사를 일일이 확인하고 필요한 내용을 기록하는 방식은 비효율적인 세상입니다. 정보의 홍수 속에서 중요한 내용을 빠르게 파악하고 효율적으로 정리한다면, 특히 '챗GPT'와 같은 AI툴을 활용하면 작업을 단순화하고 시간을 절약하는 데 매우 큰 도움이 됩니다.

종이 신문을 볼 때 중요한 기사나 정보를 다시 입력하고 기록하는 데 시간을 많이 소요할 필요가 없습니다. 최신 스마트폰에는 대부분 OCR(문자인식) 기능이 있기 때문에 텍스트로 추출해 바로 메모장과 같은 개인 공간으로 이동시킬 수 있습니다. 최신 스마트폰이 아니어도 괜찮습니다. 정리해야 할 기사를 사진으로 찍어 Google Lens 와 같은 무료 OCR 앱을 사용해 이미지에서 텍스트를 추출합니다. 추출된 텍스트를 챗GPT에 복사해 붙여넣고 요청합니다. "이 텍스트를 요약해줘." 만약 다음과 같은 텍스트를 입력한다면,

"2024년 예산안 발표 : 사회복지, 교육 예산이 15% 증액되었으며 중산층 지원 강화 방안이 포함되었다."

'챗GPT'는 다음과 같이 응답합니다.
"2024년 예산안 발표 : 사회복지, 교육 예산 15% 증액, 중산층 지원 강화."

이것은 하나의 예시이고 앞서 제시한 프롬프트 기법들과 같이 내가 필요한 요구조건에 맞게 명령어를 넣어 답을 요청합니다. 특정 주제의 기사를 선별하려면,

"다음 기사들 중 사회복지 관련 내용을 골라 요약해줘."
1. 정부가 발표한 2024년 예산안은 교육과 복지 예산을 대폭 확대했다.
2. 환경 정책 강화 방안으로 탄소 배출 규제가 도입되었다.
3. 중산층 지원을 위해 사회복지 예산을 15% 증액했다.

이렇게 명확하게 요청을 하면 주제별로 정리된 정보를 제공받아 불필요한 시간을 줄이고 필요한 자료에 집중할 수 있습니다.

또 다른 방식으로는 기사를 비교하거나 논점을 정리할 수 있습니다.

"두 기사의 차이점을 비교해줘."
기사1 : A 기업이 매출 20% 성장을 발표했다.
기사2 : A 기업의 성장 속도가 경쟁사보다 느리다고 평가받았다.

'챗GPT'는 다음과 같이 간단히 정리합니다.
"A 기업은 매출 20% 성장을 기록했지만 경쟁사보다 성장 속도가 느림."

이러한 방식으로 챗GPT와 함께 간단한 도구만 활용해도 시간을 크게 절약할 수 있고 효율적으로 정리가 가능해집니다. 새로운 방식이 조금 '불편할' 수 있지만 한 번 익히고 나면 훨씬 편하고 효율적이고 체계적으로 관리할 수 있습니다.

인터넷 신문에서도 중요한 기사를 정리하는 법은 간단합니다. 스크린샷을 이용하거나 OCR 앱을 통해 텍스트로 변환 후 챗GPT에 요청하면 됩니다. 다만 신문 기사와 같은 콘텐츠는 저작권법의 보호를 받는 지적 재산이므로 사용 목적에 유의해야 합니다. 개인적인 학습이나 정보 정리에 사용하는 것이 좋고 상업적인 목적으로 무단 활용하는 건 법적 문제가 발생할 수 있습니다. 이 점을 반드시 고려해 '챗GPT'를 활용하는 동안 '내가 이해하고 정리하기 위한 목적'으로만 사용하는 것을 추천합니다. AI를 도구로 활용하되 콘텐츠의 원작자에 대한 존중을 잊지 않아야 합니다.

2
IF I were you 법조인이라면

매일 쌓이는 사건 자료와 법률 문서를 검토하고 효율적으로 처리하는 일이 중요합니다. AI 도구는 반복적이고 시간이 오래 걸리는 작업에 대한 문제를 개선하고 시간을 단축하며 업무의 질을 높이는 데 도움을 줄 수 있습니다.

법률 업무에서 유사 판례를 찾는 일은 필수적일 겁니다. 하지만 방대한 데이터 속에서 관련 사례를 검색하고 분석하는 작업은 시간이 많이 걸립니다. AI를 활용하면 상세한 개인정보를 입력하지 않아도 큰 범위에서 유사 판례를 빠르게 선별할 수 있고 판결문이나 법률 논문을 분석해 핵심 정보를 빠르게 파악할 수 있습니다.

> **"최근 5년간 특정 법률 조항과 관련된 유사 판례를 찾아줘."**

다국어 지원 기능 또한 법조계에서 유용하게 사용될 수 있습니다. 영어나 중국어 외에도 다양한 언어로 작성된 법률 문서를 AI로 번역하고 분석할 수 있기 때문에 외국인 고객이나 국제 법률 문제를 다룰 때도 유용하게 사용할 수 있습니다. GPT 기반의 API와 연동된 워크플로우를 구축해 법률 문서를 자동으로 정리하거나 필요한 정보를 언제든 검색할 수 있는 시스템을 통해 사건 자료를 체계적으로 관리하는 시스템을 만들 수도 있습니다.

> **"이 판결문의 핵심 결론과 이유만 요약해줘."**

법조계에 적극적으로 도입되면 법률 서비스의 비용이 절감되고 접근성이 향상되어 그 혜택은 일반 시민들에게도 고스란히 돌아갈 수 있습니다. 이렇게 AI가 법률 업무에서 가져올 혁신적인 변화가 눈에 보이는데도 국내 법조계에서는 이를 적극적으로 활용하기 어려운 현실적인 제약이 존재합니다. 변호사의 제명권을 가진 '변호사협회'는 대국민 법류 AI 서비스에 대해 징계 방침을 고수하고 있어 법률 분야 활용이 활발히 논의되고 활용되는 데 실직적인 제약이 따릅니다.

그럼에도 불구하고 대형 로펌을 중심으로 내부 AI시스템을 개발

하거나 대국민 서비스로 전환하려는 시도가 이루어지고 있습니다.

AI는 막는다고 막아질 수 있는 흐름이 아님에도 국내 환경을 둘러싼 규제와 불안정한 제도적 기반이 AI 기술의 발전을 더디게 하며 세계적인 흐름과 격차를 벌릴 수 있습니다. 윤리적, 도덕적 문제는 언제나 논의의 대상이 될 수 있지만 이를 단순히 억제하는 방식으로는 해결할 수 없습니다. 이러한 문제들은 공론장에서 활발히 논의하고 적극적인 토론을 통해 사회적 합의를 만들어내는 것이 중요하지 억제하고 틀어막는다고 해결될 수 있는 문제가 아닙니다.

미국 법조계는 AI 기술을 빠르게 도입하며 변호사들의 업무 방식과 서비스 제공 방식에 큰 변화를 가져오고 있습니다. AI 기술을 활용할 수 있는 변호사는 그렇지 않은 변호사보다 최대 49% 높은 임금을 받을 수 있다는 보고서가 공개되었습니다. 특히 AI 관련 저작권 문제나 딥페이크 사건 같은 전문성이 요구되는 분야에서 기술에 대한 이해도가 높을수록 두드러지는 현상입니다. 자료 검색이나 서류 초안 작성과 같은 반복적인 업무를 효율적으로 처리하고 보다 복잡한 법률 문제에 집중하는 것이죠.

미국 법조계에서 AI는 두 가지 주요 형태로 사용되고 있습니다. 추출형 AI는 제한된 데이터 안에서 결론을 도출하는데 사용되며 주로 법률 문서 검색이나 특정 정보 추출에 활용됩니다. 반면 생성형 AI는 웹상의 정보를 바탕으로 사용자 요청에 따라 유연하게 답변을 제공합니다. 이러한 기술은 AI 변호사인 로스(ROSS)가 등장하며 본격적으로 주목받았습니다. 로스는 미국의 대형 법률회사인 '베이커 앤호스테틀러'에서 파산 관련 업무를 맡아 가능성을 입증했습니다. 실질적인 업무는 수천 건의 관련 판례를 검색해서 로펌이 수임한 사건에 관련된 도움이 될 만한 내용을 골라내는 것이었습니다. 그뿐 아니라 일반적인 언어로 가설을 세우게 할 수도 있고 그 가설에 대해 질문도 할 수 있어 다른 분야에서도 활용할 수 있도록 교육을 시키고 있다고 합니다. 마치 인턴으로 들어온 법대를 갓 졸업한 초보 변호사를 트레이닝 시키듯 말이죠.

AI 활용이 확산되면서 윤리적 문제도 함께 논의되고 있습니다. 미국 변호사협회(ABA)는 변호사들이 AI로 인해 절약된 시간에서 발생한 이익을 고객에게 부당하게 전가하지 않을 것을 경고했고 AI 활용의 혜택이 고객에게도 돌아가야 한다는 점을 강조해습니다. 또한 AI가 제공한 정보의 정확성과 적절성에 대한 최종 책임은 여전히 변호사에게 있음을 명확히 하고 있습니다. 향후 AI 도입이 가속화됨에 따라 법률 서비스 제공 방식도 변화할 것으로 보입니다. 기존의 시간당 청구 방식은 줄어들고 정액제나 선불 계약이 늘어날 가능성이 큽니다. 또한 AI는 법률 정보에 대한 접근성을 높여 개인이 더 쉽게 법률 서비스를 이용할 수 있는 환경을 조성할 것이고 판사들 역시 법원 행정과 형사 사법 시스템에서 AI를 점점 더 많이 활용하고 있습니다.

이처럼 미국 법조계에서 AI 도입은 법률 서비스의 질적 향상과 비용 절감을 이끌어내며 변호사와 고객 모두에게 긍정적인 영향을 미치고 있습니다. 미국 사례는 전 세계 법조계가 AI 기술을 도입하고 활용하는 데 있어 중요한 이정표가 되고 있습니다.

물론 잘못된 사례도 있습니다. 앞서 할루시네이션에서 언급했듯 '챗GPT'를 활용해 작성한 변론서를 제출했으나 이 문서에는 존재하지 않는 판례와 허위 인용 문구가 포함되어 있었습니다. 더 큰 문제는 변호사들이 '챗GPT'로 생성한 정보를 검증하지 않았다는 점에 있었고 법원은 이들의 행동이 법조계와 사법제도에 대한 신뢰를 훼손할 수 있다며 각각 5천 달러(약 650만 원)의 벌금을 부과했습니다. 특히 법원은 '판례의 진위를 지적한 후에도 허위 자료를 주장한 점(변호사의 거짓말)'이 제재의 주요 원인이었습니다.

이외에도 AI 활용과 관련된 다양한 좋은 사례와 나쁜 사례가 존재합니다. 하지만 AI가 사회적 비용을 크게 줄일 수 있는 가능성을 가졌음에도 불구하고 이를 공론장에서 논의조차 하지 못하게 틀어막는다면 발전의 기회는 사라질 수밖에 없습니다.

국내에서도 이미 AI를 접한 법조인들은 아마도 사회적 분위기와 비판을 우려해 조용히 남몰래 이를 활용하고 있을 가능성이 큽니다. 그러나 AI에 대한 부정적인 인식만으로 이를 아예 활용조차 하지 않으려는 태도와 그 활용을 강압적으로 억제하려는 움직임은 과연 누구의 이득을 위한 것인지 묻고 싶습니다.

"판결은 AI가 아니라 판사가 합니다."

3
시대에 맞는 도구 'AI'

우리 모두는 삶을 더 편안하게 살아가고 싶은 욕망을 가지고 있습니다. 그러기 위해서는 시대에 맞는 도구를 사용해야 합니다. 지금은 'AI 리터러시'를 키우는 일이 그 어느 때보다 중요합니다. 이렇게 시작하세요

"AI를 내 생활에서 어떻게 사용하면 내가 하는 일에 생산성이 올라갈 수 있을까?"

매일 반복되는 일이라면 AI에게 맡겨보세요. 프로그래머들 커뮤니티에 종종 보이는 유명한 문구가 있습니다.

"두 번 이상 반복되면 코딩한다."

매일 반복적으로 이루어지는 작업이 있다면 특히 두 번 이상 반복하게 되는 일이 AI에게 맡길 수 있는 작업인지 한 번 고민해 보세요.

"AI에게 대체시킬 수 있지 않을까?"

원하는 기능을 하는 AI를 찾게 된다면 시간을 절약하고 생산성을 높여 '삶의 질'을 높일 수 있습니다.

일론 머스크는 파리의 비바테크 2024 컨퍼런스에서 '보편적 고소득'을 제안하며 이렇게 말했습니다.

"우리 중 누구도 직업을 갖지 않을 겁니다. 직업은 선택적인 취미 생활이 되겠죠.
원한다면 취미로 일할 수 있겠지만 그렇지 않다면 AI와 로봇이 모든 서비스를 제공할 겁니다."

Part 11

GPT 활용법

1
Custom Instruction과 GPTs

Custom Instructions는 사용자가 한 번 설정하면 모든 대화에 적용되고 요구사항을 반영하는 기능입니다. 이 방식을 통해 매번 반복적으로 언급할 필요 없이 특정 주제나 형식에 맞는 응답을 받을 수 있습니다.

1번 계정을 누른 후 Customize ChatGPT를 누르면 아래와 같은 화면이 나옵니다.

첫 번째 박스 : 사용자에 대한 정보 - 나이, 직업, 성별, 관심사 등 기본적인 정보

What would you like ChatGPT to know about you to provide better responses? 의 질문에는 사용자의 질문에 답변하는데 있어 GPT가 알고 있으면 좋을 정보를 입력하는 공간입니다. 특정 요구사항이나 관심사나 취미 등에 대한 정보를 입력해두면 보다 맞춤화된 답변을 생성합니다.

두 번째 박스 : 응답 형식에 대한 맞춤화 작업 - 격식 있는 말투, 친근하게, 실생활 영어표현 등

How would you like ChatGPT to respond?의 질문에는 GPT가 어떻게 답변을 해주면 좋을지에 대한 내용을 넣는 공간입니다. 사용자가 원하는 대화 스타일이나 말투를 지정할 수 있고 선호하는 언어 등을 입력해 나에게 반응하도록 만들 수 있습니다.

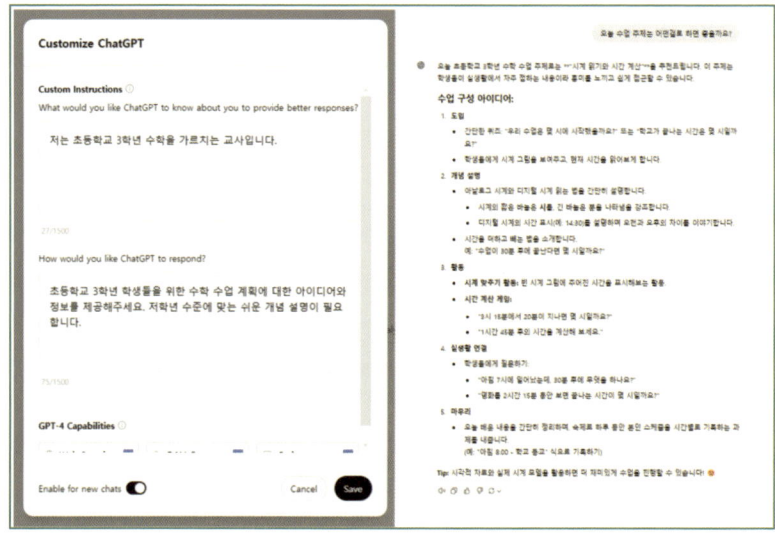

사용자가 초등학교 3학년 수학을 가르치고 있다는 정보를 제공하고 수업에 대한 아이디어와 저학년 아이들이 개념을 쉽게 이해할 수 있도록 설명을 요청했더니 아주 쉬운 실생활에서의 예시들을 활용한 수업 목차를 생성해줬습니다. "다른 아이디어 없을까?" 이렇게만 입력하면 계속해서 다른 주제의 수업 목차들을 지치지 않고 계속

해서 생성합니다.

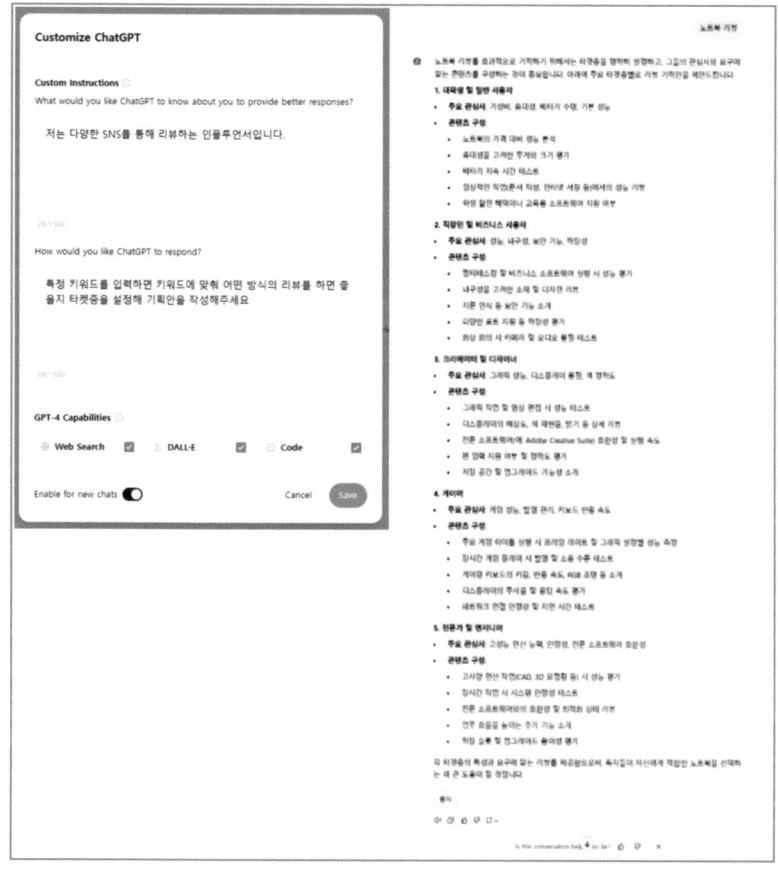

SNS를 통해 리뷰를 하는 인플루언서라는 '페르소나'를 입력하고 리뷰를 하기 위한 타겟 설정과 기획안 작성을 요청했습니다. '노트북 리뷰'라는 키워드만 입력해도 타깃층과 아이디어를 몇 초면 완성해줍니다. '시작이 반이다'라는 말처럼 무엇이든 시작하기 위한 과정에 많은 고민과 시간이 소요되는데 '챗GPT'를 통해 반은 해결이 됐습니다. 나머지 반은 여러분이 채우시면 됩니다.

두 예시처럼 Custom Instruction은 사용자가 어떤 답을 원하는지에 따라 다양한 방식으로 변경해서 사용할 수 있습니다. 하지만 매번 변경을 하려면 귀찮고 또 시간이 걸리겠지요? 그래서 GPTs라는 기능이 생겨났습니다. GPTs는 매번 커스터마이징을 변경하지 않아도 생성해서 저장해두고 클릭만 해서 사용하면 됩니다. 거기에 더해 내가 만들어 놓은 GPT가 아닌 다른 사람이 유용하다고 생각해서 만들어 놓은 GPT 또한 사용해 볼 수 있습니다. 'Opne AI'의 CEO인 '샘 알트먼' 또한 '챗GPT'에 대한 인터뷰 중 'My GPT' 기능을 많이 사용하고 있고 '챗GPT'만의 강점이라고 설명했습니다. '챗GPT'를 활용해서 누구나 자기만의 챗봇을 만들 수 있습니다.

GPTs 사용법

로그인 한 뒤 1. 좌측의 Explore 메뉴를 클릭하거나 2. 계정 아이콘을 클릭합니다.

Explore GPTs

왼쪽 사이드바에 Explore GPTs에 들어가면 다양한 기능을 수행하는 GPTs들을 만나볼 수 있습니다. 각각의 기능이 다른 GPTs들이 마치 '플레이스토어'나 '앱스토어'와 같이 원하는 GPTs를 골라서 사용할 수 있도록 구성되어 있습니다. 많은 사람들이 사용하는 인기 순위부터 글쓰기에 관련된 GPT, 리서치에 관련된 GPT 등 다른 누군가가 만들어 놓은 GPTs를 사용해 볼 수 있습니다.

전 세계 사용자들이 오픈AI 플랫폼에서 자신만의 GPTs를 생성해 공유하고 있습니다. 무료 사용자는 만들어진 GPTs의 일부 기능을 경험해볼 수 있지만 개인 맞춤형 GPTs를 직접 생성하고 싶은 경우에는 유료 사용자로 전환해야 합니다. GPTs가 더 많은 사람들이 이용해 활성화가 될수록 오픈AI에서는 이 기능에 수익화 모델을 구성할 것으로 기대하며 많은 사용자들이 자신만의 특별한 GPTs를 만들어 이곳에 공유하고 있습니다.

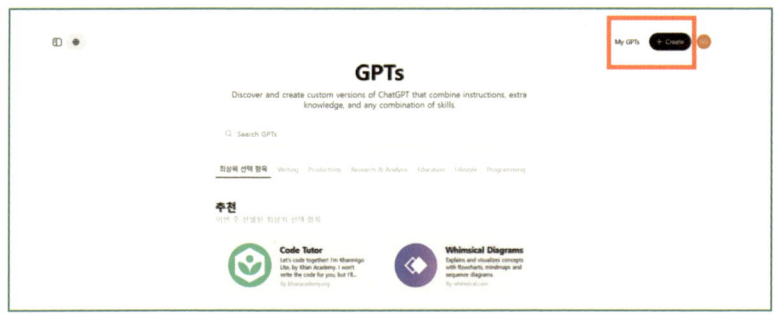

1. Explore를 클릭해 들어온 화면에서는 다른 유저가 생성하고 공유해 놓은 GPTs를 검색해 사용할 수 있는 공간입니다.

화면의 오른쪽 상단에는 My GPTs와 +Create 두 가지 탭이 있습니다.

My GPTs : 사용자가 이전에 사용한 GPTs 목록이 표시됩니다.

+Create : 새로운 GPT를 생성할 수 있는 화면으로 이동합니다.

현재 업데이트 이 후 Create 창은 사라지고 Configure 창에서만 My GPT를 생성할 수 있게 변경되었습니다. 하지만 Create 창의 질문 순서는 아직 GPT를 제대로 사용해보지 않은 초보자에게 아주 중요한 정보가 될 수 있습니다.

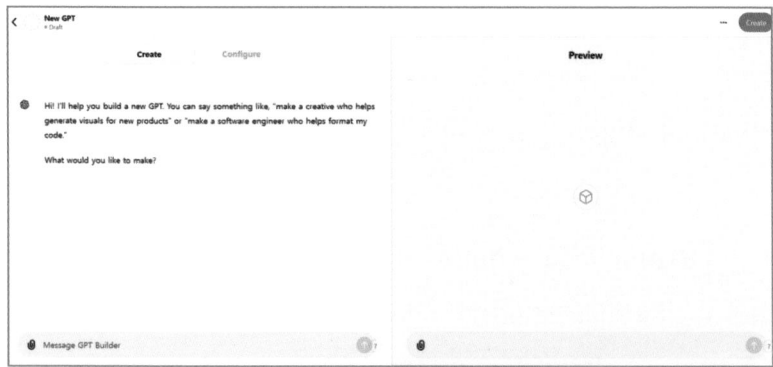

화면 구성 : Create 그리고 Preview 창

왼쪽에는 GPTs를 구성하는 창이 있고 오른쪽에는 Preview 창이 있습니다. Preview 창에서는 설정한 GPTs를 생성하기 전 미리 테스트해 볼 수 있습니다.

Create 탭과 Configure 탭

Create 탭 : GPT의 질문에 답변하면서 대화 과정을 통해 GPTs를 생성하는 방식입니다.

What would you like to make? 무엇을 만들고 싶은가요?

Let's set it up! I'll start by setting the base behaviore, then we can give it a name.
기본 동작을 설정하고 이름을 지어볼까요?

The name is set! Now, let's design a profile picture.
이름이 설정되었습니다. 이제 프로필 사진을 디자인 해볼까요?

To start, what should it emphasize or avoid when generating suggestions?
생성할 때 어떤 점을 강조하거나 피하고 싶으신가요?

How would you like it to interact?
어떻게 상호작용하기를 원하시나요?

질문의 순서는 언제나 같습니다. 각각의 질문에 아주 심플하게 답변을 해도 GPT가 알아서 범용적인 기능들을 추가해서 GPTs를 생성합니다. 하지만 GPTs를 특정 기능에 최적화하려면 답변을 자세하고 구체적으로 설정하는 것이 좋습니다.

Preview에서 테스트 및 Conversation Starters

각 질문에 답변한 후 preview 창에서 생성한 GPT를 테스트할 수 있습니다. Converstation Starter가 제공되어 미리 설정된 프롬프트로 자동 응답을 생성해 보거나 명령어를 통해 GPTs의 기능을 확인할 수 있습니다.

Configure 탭에서 My GPT 생성하기

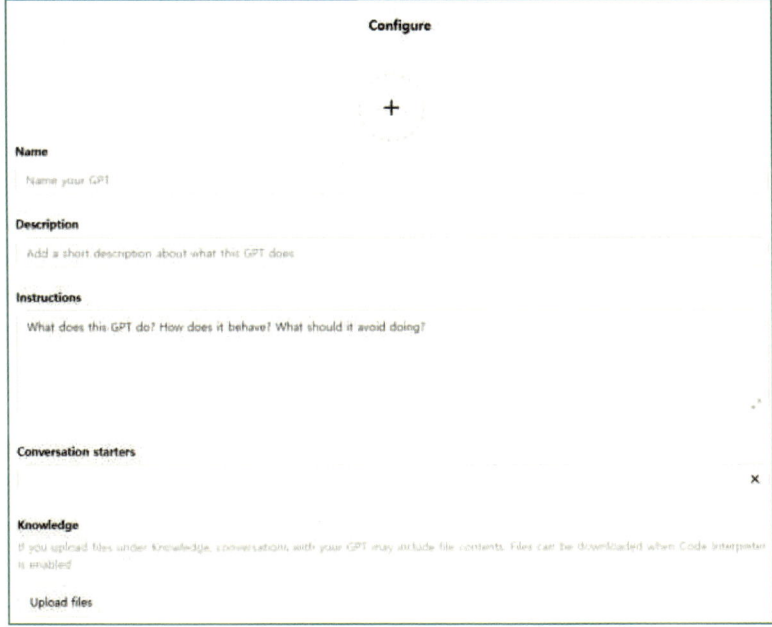

가운데 + 버튼을 클릭해 원하는 이미지를 업로드 하거나 DALL-E를 이용해 아이콘으로 사용할 이미지를 생성합니다.

1) 이름(Name) 설정 : 먼저 챗봇의 이름을 설정합니다. 이름은 사용자가 My GPT를 어떤 용도로 사용할지에 따라 정할 수 있습니다. 업무 지원용이라면 "스마트 비서"와 같은 실용적인 이름을, 개인 상담용이라면 "마음 친구"와 같은 친근한 이름을 선택할 수 있습니다.

2) 간단한 설명(Description) 입력 : 챗봇의 목적을 간략히 설명합니다. "이 챗봇은 건강관리 정보를 제공하며 일일 운동 루틴을 추천합니다."와 같은 설명을 추가하면 My GPT의 역할이 더욱 명확해집니다.

3) 규칙 설정(Instructions) : 챗봇이 따를 규칙을 정합니다. "친근하고 간결하게 대답해주세요." 또는 "건강 정보는 신뢰할 수 있는 출처를 기준으로 제공합니다." 이와 같은 설정된 규칙대로 작업을 수행합니다.

4) 배경 지식(Knowledge) : My GPT를 더 유용하게 활용하려면 적합한 파일을 업로드합니다. 메뉴얼이나 제품 정보 교육 자료나 참고 문헌 등 챗봇의 용도에 알맞은 자료를 추가합니다.

Knowledge는 굉장히 중요한 역할을 합니다. 너무 방대한 자료를 학습한 '챗GPT'는 디테일하고 세부적인 사항들은 알아도 모르는 척 할 가능성이 큽니다. 그렇기 때문에 사용할 용도에 맞는 정확한 배경 지식 파일을 넣어주면 더 효과적으로 My GPT를 사용할 수 있습니다.

정확한 목표를 설정해 챗봇을 만듭니다. 오른쪽 화면에 Preview 에서 테스트를 통해 설정을 변경할 수 있습니다. 정기적으로 업데이트가 필요하다면 지식파일을 업로드하고 사용하며 불편하거나 변경해야 할 부분이 있다면 이곳으로 돌아와 설정을 변경할 수 있습니다.

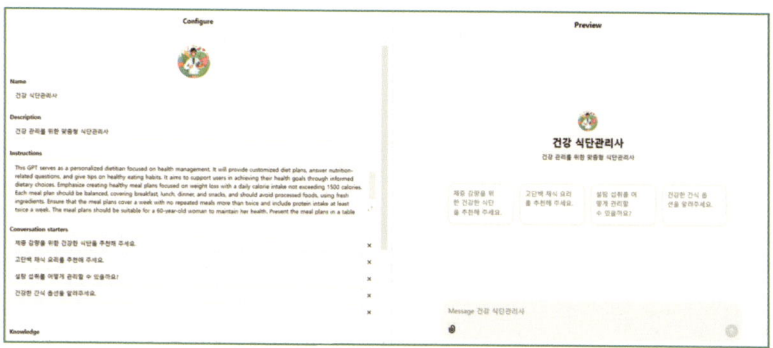

'건강한 식단관리사'는 체중 감량과 건강 관리를 목표로 하는 챗봇(My GPT)입니다. 이 챗봇은 필요와 목적에 따라 개인화된 식단을 제안하고 건강한 식습관을 유지할 수 있도록 도와줍니다. 체중 감량을 위한 구체적인 계획부터 영양 균형을 고려한 건강한 식단까지 모든 정보를 간편하게 제공합니다. 오른쪽의 Preview 창에서 제공되는 직관적인 인터페이스를 통해 챗봇을 이용할 수 있고 대화 시작 버튼을 클릭하기만 하면 즉각적으로 원하는 답변을 받을 수 있습니다.

특히 반복적으로 요청해야 하는 작업이 있다면 대화 시작 목록에 추가해 시간을 절약할 수 있습니다. 선택 장애가 있다면 매일 "오늘의 식단을 추천해주세요"와 같은 버튼을 생성해두고 클릭만 하면 바로 결과가 나오도록 설정이 가능합니다.

"너무 쉬운가요? 이와 같은 방식으로 나만의 챗봇을 만들어 개인 비서로 활용하세요."

좋은 수면 습관을 위한 방법과 하루 운동량을 체크할 나만의 건강 관리 비서 챗봇을 생성했습니다.

비슷한 내용을 작성했지만 Instructions 섹션에 다음과 같은 정보를 입력했습니다.

좋은 수면 습관을 위한 방법과 하루 운동량도 함께 제시해주세요. 음악을 들으면 스트레스가 풀리니 나의 컨디션이 좋지 않다고 판단 될 때는 답변과 함께 음악을 추천해주세요.

이 외에도 키, 체중, 가지고 있는 질병 또는 수술 내역 등 건강관리를 위해 필요한 모든 정보를 입력합니다.

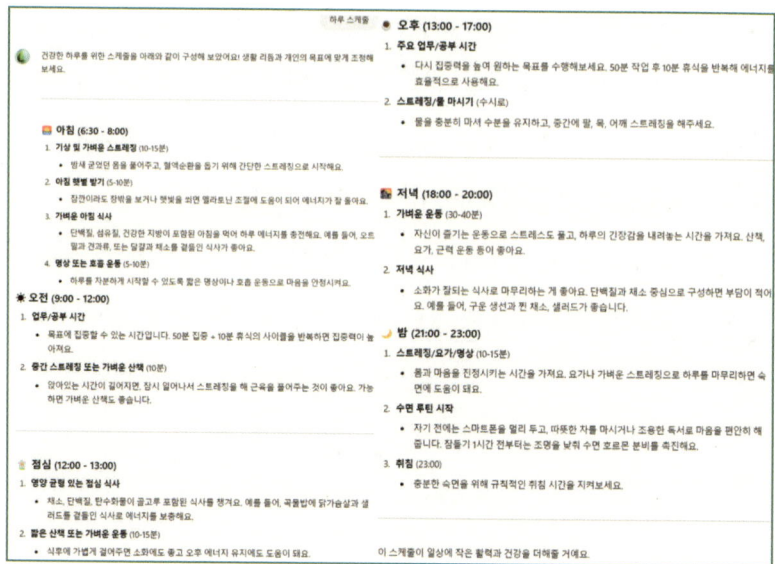

'하루 스케줄'이라는 간단한 요청에 대한 답변을 이렇게 작성해줍니다. 전체적인 시간과 틀은 참고할 수 있고 세부적인 내용은 내 컨디션이나 별도의 스케줄에 따라 조정하면 되는 것이죠. 정답을 제시해주는 것이 아니라 하나의 템플릿을 만들어두고 요청한 답변 사항에 따라 내가 원하는 부분을 선택해서 유용하게 사용하면 됩니다.

나만의 '운동 선생님'을 만든다면 이 전 과정은 똑같이 진행한 후 마지막 질문에,

"저는 39세 남성이고, 키는 180cm, 몸무게는 85kg입니다. 최근 무릎 부상을 당해 회복 중입니다. 현재 주 3회 30분씩 걷기 운동과 수영을 하고 있으며, 6개월 내로 체지방을 줄이고 근육을 키우고 싶

습니다. 직장인으로 하루에 9시간 이상 앉아서 일하는데, 피로가 심하고 운동할 시간이 부족합니다. 저의 상태에 맞춰 혈당 관리, 체중 감량, 근육 증가, 그리고 피로 감소를 위한 운동과 식단 계획을 추천해 주세요. 또한, 무릎에 무리가 가지 않는 운동 방법도 알려주세요. 잠들기 전 하기 좋은 스트레칭을 알려주세요."

이런 프롬프트를 사용해 나만의 개인 운동 관리사를 만들 수 있습니다.

> 무릎 부상 회복 중이시고, 당뇨를 관리하며 체중 감량과 근육 증가를 목표로 하신다면, 다음과 같은 운동 및 식단 계획을 추천합니다:
>
> **운동 계획**
>
> 1. **주 3~4회 유산소 운동:**
>   - **수영:** 무릎에 부담이 적고 전신 운동이 가능합니다. 수영을 통해 심폐 기능을 향상시키고 칼로리를 소모할 수 있습니다. 30~45분 정도 꾸준히 해보세요.
>   - **걷기:** 현재 걷고 계신 것처럼 주 3회 30분 정도는 유지하되, 지면이 부드러운 곳에서 걷거나 경량의 워킹화를 착용해 충격을 줄여주세요.
>
> 2. **근력 운동 (주 2회):**
>   - **체중 운동:** 무릎에 무리가 가지 않는 동작을 선택하세요. 예를 들어:
>   - **상체:** 팔굽혀펴기(무릎을 대고 하거나 벽에서), 덤벨로 어깨 및 가슴 운동.
>   - **하체:** 스쿼트는 하지 말고, 대체로 의자에 앉았다 일어나는 동작(시트 스쿼트)을 해보세요.
>   - **저항 밴드 운동:** 저항 밴드를 이용해 팔, 가슴, 등을 단련할 수 있습니다. 무릎에 부담이 덜 가는 편입니다.
>
> 3. **스트레칭 및 코어 운동:**
>   - 플랭크, 브릿지 같은 코어 운동을 포함하여 허리와 복부 근육을 강화하세요.
>   - 운동 전후에 충분한 스트레칭으로 유연성을 유지하고 부상 예방에 도움을 줍니다.
>
> 4. **하루 중 짧은 운동:**
>   - 1시간마다 5분 정도 스트레칭이나 가벼운 운동(발목 돌리기, 팔 돌리기 등)을 해주세요. 장시간 앉아 있는 것은 피로를 증가시킵니다.
>
> **식단 계획**
>
> 1. **균형 잡힌 식사:**
>   - **단백질:** 닭가슴살, 생선, 두부, 렌틸콩 등 저지방 고단백 식품을 포함하세요.
>   - **복합 탄수화물:** 현미, 귀리, 고구마와 같은 섬유질이 풍부한 식품을 선택하세요. 혈당 상승을 완화해줍니다.
>   - **건강한 지방:** 올리브유, 아보카도, 견과류 등을 적당히 섭취하세요.

> 2. 식사 빈도 조절:
>   - 하루 3끼를 균형 있게 섭취하고, 필요하다면 건강한 간식(채소 스틱, 견과류)을 추가하세요.
> 3. 혈당 관리:
>   - 식사 후 혈당 수치를 주기적으로 체크하여, 어떤 음식이 혈당에 영향을 미치는지 파악하세요.
> 4. 수분 섭취:
>   - 충분한 물을 마시는 것이 중요합니다. 하루에 2리터 이상을 목표로 하세요.
> 5. 음식 일지 작성:
>   - 무엇을 얼마나 먹었는지 기록하면, 자신의 식습관을 파악하고 조절하는 데 도움이 됩니다.
>
> 피로 감소
> - 수면: 충분한 수면(7~8시간)을 취하세요. 수면의 질이 피로 회복에 크게 영향을 미칩니다.
> - 짧은 휴식: 일 중간중간 짧은 휴식을 취해 피로를 줄이고 집중력을 높이세요.
> - 스트레스 관리: 명상이나 깊은 호흡 운동으로 스트레스를 관리하세요.
>
> 꾸준히 실천하다 보면 체중 감량과 혈당 관리에 긍정적인 변화를 느끼실 수 있을 것입니다. 무릎 부상에 무리가 가지 않도록 항상 주의하시고, 필요시 전문가와 상담하는 것도 좋은 방법입니다. 응원할게요!

'건강한 식단관리사'와 같이 특정 목적에 맞게 설계된 유용한 GPTs들이 정말 많이 있습니다. 검색창에 필요한 키워드를 입력하거나 Explore에 있는 첫 번째 화면에 나오는 인기 있는 GPT들을 둘러보고 사용해 보세요. 마치 앱스토어나 플레이스토어에서 다양한 종류의 앱을 골라서 사용할 수 있는 것처럼 나에게 필요한 GPT를 선택해 사용할 수 있습니다.

글쓰기, 이미지 생성, 코드 생성, 논문 검색, 로고제작 등 각기 다른 기능과 목적을 가진 GPT들이 전세계의 유저들에 의해 만들어졌고 Open AI에서 만든 '챗GPT'가 아닌 DALL-E를 포함한 다양하고 창의적인 GPT들도 경험해볼 수 있습니다.

더 편리하게 사용할 수 있는 방법으로 언어 학습에 대한 프로프트를 가져가 MY GPT를 만드는 것입니다. 그럼 매번 같은 과정을 반복하지 않아도 되고 클릭만 하면 언제든 바로 학습을 시작할 수 있습니다.

언어를 배우는 데 있어서 스피킹 실력만을 학습하면 부족하다고 생각하셨나요? 걱정하지 마세요. 대화가 종료된 후, GPT 화면에는 대화했던 모든 내용이 텍스트 형태로 나타납니다. 이를 캡처해 두거나, 학습 노트에 단어나 문장을 정리해두면 복습에 큰 도움이 됩니다. 이렇게 정리한 내용을 반복적으로 학습하면서 말하기와 쓰기 실력을 동시에 향상시킬 수 있습니다

새로운 무언가를 공부하고 계신가요? 그 분야가 무엇이든, GPT는 언제나 최고의 선생님이 되어 드릴 수 있습니다. 지금부터 GPT를 통해 학습을 더욱 효과적으로 할 수 있는 방법을 소개해드리겠습니다.

'챗GPT'는 뛰어난 언어 능력을 기반으로 영어를 포함한 다양한 언어를 가르칠 수 있습니다. 특히 초보자에게는 부담 없는 학습 환경을 제공해 사용자의 수준과 목표에 맞춘 맞춤형 교육이 가합니다.

일본어 개인 교사 만들기 프롬프트
저는 일본어를 배우려는 완전 초보자입니다. 하루에 10개의 새로운 일본어 단어와 그 단어를 사용한 5가지 문장을 배우고 싶습니다.

각 단어와 문장을 하나씩 제시하고 일본어 발음과 뜻을 설명해주세요. 제가 발음을 따라 하도록 시간을 주고 잘못된 발음은 분석한 후 교정해 주세요. 학습이 끝난 후에는 배운 단어와 문장을 활용한 간단한 대화를 진행하고 대화 중에도 발음과 문장 사용에 대한 피드백을 주세요. 이전에 배운 내용을 복습하면서 새로운 단어와 문장을 제시해 주세요. 목표는 일본의 초등학생 언어 수준입니다.

이 프롬프트로 언어만 변경하면 어떤 언어에도 활용할 수 있습니다. 음성 모드를 활성화하면 GPT와 자연스럽게 대화하면서 실시간으로 피드백을 받을 수 있습니다. 발음을 연습하거나 문장을 직접 말해보는 과정을 통해 발음을 분석하고 교정해주는 역할을 합니다. 이렇게 만들어진 GPT는 몇 가지 특징이 있습니다. 사용자 수준에 따라 개인 맞춤형 학습을 진행하고 절대 지치지 않고 시간에 구애받지 않으며 언제든 내가 원할 때 학습을 도와줍니다. 발음과 문법에 대한 오류를 실시간으로 교정해주면서 칭찬과 동기부여를 통해 용기를 북돋아 줍니다.

앞서 설명한 'My GPTs'로 생성하시면 매번 프롬프트를 입력할 필요 없이 사용이 가능합니다.

"이 선생님은 화를 내지 않고 원하는 시간에 언제든 질문에 최선을 다해 답해줍니다."

Voxscript

　GPT 탐색 탭에서 검색창에 Voxscript를 검색하시면 위에 두 개 중 사용자가 많은 것을 선택하시면 됩니다. 'Start Chat'을 누르면 바로 GPT의 화면으로 넘어가고 음성이나 영상 또는 유튜브 링크를 제공하면 STT(Speech To Text) 기능을 가지고 있어 음성을 텍스트로 바꾼 후 해당 내용을 빠르게 요약을 해주는 기능을 합니다. 음성파일이나 유튜브의 영상이 너무 길어 쓸모없는 내용은 생략하고 싶은 경우 원하는 특정 키워드를 입력해 그것과 관련된 내용만을 추출할 수도 있는 아주 유용한 GPT입니다.

2
프롬프트 몰라도 괜찮아요

'콩떡같이 이야기해도 찰떡같이 알아듣는다'는 속담처럼 지금의 AI는 사용자의 맥락을 아주 잘 파악합니다. 프롬프트 기법은 알아두면 쓸모 있을 내용이니 참고하되 프롬프트 작성이 다소 복잡하게 느껴진다면 대화형으로 자연스럽게 시작하는 것이 좋은 방법입니다.

인사와 기본 정보 제공

먼저 가볍게 인사를 나누고 자신의 기본적인 상황을 설명합니다.
- **사용자**: 안녕, 나는 39세 남성이야.
- **ChatGPT**: 안녕하세요! 무엇을 도와드릴까요?

문제나 목표 제시-도움을 받고 싶은 문제나 목표를 간단히 이야기합니다.

- **사용자:** 운동 습관 개선을 위한 도움을 받고 싶어.
- **ChatGPT:** 운동 습관을 개선하고 싶으시군요. 어떤 종류의 운동을 하고 계신가요, 아니면 특별히 개선하고 싶은 목표가 있으신가요?

현재 상황 설명-현재 상태와 필요한 제한 사항을 추가로 설명합니다.

- **사용자:** 지금은 주 3회 30분씩 걷기와 수영을 하고 있어. 그런데 최근에 무릎 부상을 당해서 무리한 운동은 어려워.
- **ChatGPT:** 무릎 부상 때문에 조심해야 하는군요. 부상에 무리가 가지 않는 범위 내에서 운동 습관을 개선하는 방법을 생각해볼 수 있을 것 같아요.

구체적인 목표 제시-목표나 개선하고 싶은 부분을 명확히 이야기합니다.

- **사용자:** 맞아, 체지방을 줄이고 근육을 키우고 싶어. 직장인이라 하루 종일 앉아 있어서 피로도 심해.
- **ChatGPT:** 체지방 감량과 근육 증가를 목표로 하시는군요. 또한 피로 해소를 위해 적합한 운동과 생활 습관을 추천해 드릴 수 있습니다.

ChatGPT가 상황에 맞는 조언을 제공하며, 사용자는 필요한 질문을 추가하며 대화를 이어갑니다.

여기서 제가 사용하고 있는 GPT를 더 잘 활용할 수 있는 '꿀팁' 두 가지를 소개합니다.

꿀팁 첫 번째

'챗GPT'와 대화를 나눌 때 반복적이고 장황한 답변이 불편하게 느껴질 때가 있습니다. 이를 방지하기 위해서는 '사전 정지 작업'이 필요합니다. 대화를 더욱 간결하고 집중력 있게 이어갈 수 있습니다.

사전 정지 작업 프롬프트
우리가 대화를 나누는 동안에는 결론이나 답변을 내지 말고, 질문하거나 의견을 제시하는 대화에만 집중해줘. 내가 '대화 끝'이라고 말하면, 그때까지의 대화를 바탕으로 종합적인 답변을 생성해줘. 그 전까지는 단순히 아이디어를 나누거나 도와주는 역할만 해줘. 대화를 끝내기 전에는 반복적이고 범용적인 답변을 절대 생성하지 마. '대화 끝'이라는 신호를 줄 때까지 계속 대화만 이어가자.

이 프롬프트를 입력해두고 대화를 이어가면 '대화 끝'이라는 신호가 나오기 전까지 반복적이고 범용적인 긴 답변을 하지 않고 간결한 문답형식의 대화가 가능해집니다.

꿀팁 두 번째

여러 차례 대화를 하다보면 GPT가 제공한 답변 중 마음에 드는 내용이나 방식을 다음에도 활용하고 싶을 때가 있습니다. 그럴 땐 대화가 끝난 후 다음과 같은 요청을 통해서 AI가 스스로 프롬프트를 생성하게 할 수 있습니다. ('프롬프트 엔지니어' 대량 해고 사태에 언급했듯 AI는 프롬프트 자체도 스스로 잘 만듭니다.)

대화를 통한 AI 생성 프롬프트
지금까지의 대화 방식과 맥락을 파악해서 현재의 답변 결과를 다른 주제에 다시 사용할 수 있도록 프롬프트를 생성해줘.

이 요청으로 대화 내용을 분석하고 현재의 답변 결과를 다른 주제에 다시 사용할 수 있도록 만들어줍니다. 이 방식을 활용하면 같은 주제나 비슷한 방식의 대화를 이어갈 때 시간을 절약하고 일관된 답변을 받을 수 있습니다.

Part 12

AI 놀자

1
AI 놀자

우리 일상에 스며들어 있는 인공지능을 친근하게 받아들이고 독자들이 AI와 친해질 수 있도록 쉽고 재미있는 방법을 제안합니다.

'놀자'라는 말처럼 가볍게 그리고 편안하게 마치 아이가 놀이를 통해 세상을 배워가듯 AI를 사용하며 새로운 시대에 필요한 정보와 도구에 쉽게 접근할 수 있었으면 좋겠습니다.

AI의 추론 능력

AI의 가장 놀라운 능력 중 하나는 바로 '추론'입니다. 단순히 주어진 정보 처리가 아닌 그 정보를 기반으로 논리적인 결론을 도출하는 과정에서 문제를 해결하거나 분석하고 답을 찾아내는 데 매우 뛰어난 역량을 보여줍니다.

"여자 둘이 낚시를 갔다. 두 사람은 각자의 딸을 데리고 갔으며, 모두가 물고기를 잡았다. 그런데 모두가 잡은 물고기의 총합은 3마리였다. 이 상황이 어떻게 가능할까?"

이 문제를 처음 접하면 대부분의 사람은 여자는 두 명 그리고 딸도 두 명이니 총 네 명이 낚시를 갔을 것이라고 추론합니다. 하지만 여기엔 작은 함정이 숨어 있습니다. 문제를 세심히 분석하면 한 여성은 다른 여성의 딸일 가능성이 있습니다. 즉 이 경우 실제로 낚시를 간 사람은 세 명이라는 이야기죠.

AI는 이와 같은 문제를 어떻게 해결할까요?

AI는 먼저 문제의 각 조건을 분석합니다.

"여자 둘"이라는 표현에서 등장 인물을 분리하고 "각자의 딸"이라는 조건에서 다른 해석 가능성을 찾아냅니다. AI는 논리적 가능성을 고려합니다.

두 여성 중 한 명이 다른 여성의 딸이라는 가정을 세워 문제의 조건과 일치하는지 검토하고 주어진 정보와 부합하는 최적의 답을 도출합니다.

이 과정에서 AI는 우리들처럼 고정관념에 의존하지 않고 모든 가능성을 고려한 추론을 통해 문제를 해결합니다. 익숙한 경험이나 패턴을 기반으로 빠르게 결론을 내리는 반면 AI는 논리와 데이터만을 기반으로 결론에 접근합니다.

2
AI 놀자 – 추론문제

문제 1. 외계인이 지구를 방문했습니다.

외계인은 세 가지 질문에만 답할 수 있습니다.
"당신은 지구의 친구인가요?"
"당신은 위험한 존재인가요?"
"당신은 진실을 말하고 있나요?"

외계인이 이렇게 대답했습니다.
첫 번째 질문: "네."
두 번째 질문: "네."
세 번째 질문: "아니요."

문제 2. 꽃병을 깨뜨린 범인 찾기

네 명의 사람들이 있습니다: A, B, C, D. 이들 중 두 명은 진실을 말하고, 두 명은 거짓말을 합니다. 각자의 진술은 다음과 같습니다:

A: "꽃병을 깨뜨린 사람은 B, C, D 중에 있어요."
B: "나는 꽃병을 깨뜨리지 않았어요. 꽃병은 C가 깨뜨렸어요."
C: "A와 B 중 한 사람이 깨뜨렸어요."
D: "B의 말이 사실이에요."
이때, 꽃병을 깨뜨린 범인은 누구일까요?

추론 문제 정답 - '챗GPT'의 답변입니다.

문제 1. 외계인의 대답은 무엇을 의미할까요?

정답: 외계인은 거짓말쟁이입니다.
풀이: 외계인은 세 번째 질문에서 "진실을 말하지 않는다"고 대답했으므로 첫 번째와 두 번째 대답 역시 거짓입니다. 그러니 지구의 친구가 아니고 위험한 존재라는 답을 한 것과 마찬가지죠.

문제 2. 꽃병을 깨뜨린 범인

A의 진술이 참이라면, 범인은 B, C, D 중 한 명입니다.
B의 진술이 참이라면, B는 범인이 아니며, C가 범인입니다.
C의 진술이 참이라면, 범인은 A 또는 B입니다.
D의 진술이 참이라면, B의 진술이 참이므로, B는 범인이 아니며, C가 범인입니다.
이제, 두 명의 진술이 참이고, 두 명의 진술이 거짓임을 고려하여 가능한 조합을 살펴보겠습니다.

A와 B의 진술이 참인 경우:

A의 진술에 따르면, 범인은 B, C, D 중 한 명입니다.
B의 진술에 따르면, B는 범인이 아니며, C가 범인입니다.
따라서, C가 범인입니다.
그러나, C의 진술이 거짓이라면, 범인은 A 또는 B여야 합니다.
이 경우, 모순이 발생합니다.

A와 C의 진술이 참인 경우:

A의 진술에 따르면, 범인은 B, C, D 중 한 명입니다.
C의 진술에 따르면, 범인은 A 또는 B입니다.
따라서, 범인은 B입니다.
B의 진술이 거짓이라면, B는 범인입니다.

D의 진술이 거짓이라면, B의 말이 거짓이므로, B는 범인입니다.
이 경우, 모순이 없습니다.

A와 D의 진술이 참인 경우:
A의 진술에 따르면, 범인은 B, C, D 중 한 명입니다.
D의 진술에 따르면, B의 진술이 참이므로, B는 범인이 아니며, C가 범인입니다.
그러나, C의 진술이 거짓이라면, 범인은 A 또는 B여야 합니다.
이 경우, 모순이 발생합니다.

B와 C의 진술이 참인 경우:
B의 진술에 따르면, B는 범인이 아니며, C가 범인입니다.
C의 진술에 따르면, 범인은 A 또는 B입니다.
이 경우, 모순이 발생합니다.

B와 D의 진술이 참인 경우:
B의 진술에 따르면, B는 범인이 아니며, C가 범인입니다.
D의 진술에 따르면, B의 진술이 참이므로, C가 범인입니다.
그러나, C의 진술이 거짓이라면, 범인은 A 또는 B여야 합니다.
이 경우, 모순이 발생합니다.

C와 D의 진술이 참인 경우:

C의 진술에 따르면, 범인은 A 또는 B입니다.

D의 진술에 따르면, B의 진술이 참이므로, B는 범인이 아니며, C가 범인입니다.

이 경우, 모순이 발생합니다.

따라서, A와 C의 진술이 참이고, B와 D의 진술이 거짓인 경우에만 모순이 발생하지 않으며, 이때 B가 꽃병을 깨뜨린 범인입니다.

정답: 꽃병을 깨뜨린 범인은 B입니다.

3
AI 놀자 – 이어말하기

여럿이 모여 있을 때 AI의 능력을 보여주기 좋은 놀이입니다. 방법은 간단합니다. 모든 사람이 단어를 하나씩 제시합니다. 사실 두 개든 세 개든 상관없습니다. 아무 의미 없는 단어들을 나열해두고 요청합니다. 제시한 단어를 조합해서 하나의 '단편 에세이'를 작성해줘 (여기서 슬픈 이야기나 기쁜 이야기 또는 시와 같이 어떤 글의 형태든 제시하면 그에 맞춰 작성됩니다. 실 예로 '막장드라마'가 가장 반응이 좋았습니다. '이어말하기' 놀이를 해보면 왜 '챗GPT'가 공개되고 HOLLYWOOD에서 많은 극작가들이 대규모 시위를 벌였는지 알 수 있습니다.

> 다음 놀이로 이어 말하기를 할건데 전혀 관련 없는 단어 10가지를 제시해줘

1. 코끼리
2. 냉장고
3. 우주선
4. 아이스크림
5. 피아노
6. 번개
7. 바나나
8. 성곽
9. 드론
10. 바다

이 단어들을 사용해 이어 말하기를 하면 독창적이고 재미있는 이야기가 만들어질 거예요!

랜덤의 단어 또한 요청할 수 있습니다.

> 제시된 단어를 조합해서 '단편 에세이'를 한편 작성해줘. 행복한 결말이면 좋겠어

냉장고 속 코끼리와 아이스크림

어느 날 아침, 나는 냉장고 문을 열다가 깜짝 놀랐다. 거기에는 작은 코끼리 한 마리가 앉아 있었다. "어떻게 여기 들어왔지?" 나는 고개를 갸웃거리며 코끼리를 바라보았다. 코끼리는 작은 트렁크를 흔들며 내게 눈을 깜박였다. 믿을 수 없었지만, 이 작은 존재는 전혀 위협적이지 않았다. 오히려 귀여움 그 자체였다.

코끼리 옆에는 내가 어젯밤 사 온 바나나와 아이스크림이 놓여 있었다. 코끼리는 바나나를 천천히 집어 먹으며 행복한 표정을 짓고 있었다. 나는 놀라움도 잠시, 냉장고에서 그 아이스크림을 꺼내 함께 먹기 시작했다. 우리의 첫 만남은 그렇게 시작되었다.

작은 코끼리와 함께 지내는 삶은 색다른 모험으로 가득했다. 하루는 우주선을 타고 하늘을 날아가는 꿈같은 상상을 했고, 또 하루는 드론을 띄워 바다 위를 비행하며 성곽을 촬영했다. 현실에서는 불가능할 것 같던 일들이 이 코끼리와 함께라면 자연스러웠다.

그러던 어느 날, 코끼리는 나를 보며 눈을 깜빡였다. "번개가 치는 날이면 내가 떠나야 할 시간이야." 코끼리는 말없이 그렇게 나를 떠날 준비를 하고 있었다. 내 마음은 아쉬움으로 가득했지만, 그와 함께한 시간이 주는 행복은 여전히 내 가슴에 남아 있었다.

그날 밤, 창밖에 번개가 번쩍이며 비가 내리기 시작했다. 나는 코끼리가 남기고 간 아이스크림 한 통을 꺼내 들고 창밖을 바라보았다. 비가 멈추고 하늘에는 무지개가 떠올랐다. 내 곁에 코끼리는 없었지만, 그는 분명 더 큰 모험 속으로 떠났을 것이다.

냉장고 속에서 시작된 우연한 만남이 나를 얼마나 행복하게 했는지. 나는 다시 한 번 아이스크림을 입에 물고 하늘을 바라보며 웃었다. 우리들의 이야기는 여기서 끝났지만, 행복은 여전히 이어지고 있었다.

끝

이 에세이는 단순한 상상에서 시작되었지만, 우연한 만남이 우리 삶에 얼마나 큰 의미를 줄 수 있는지 보여줍니다. 냉장고 속 코끼리는 사라졌지만, 그 추억은 영원히 남아 있습니다.

4
요약하기

'불편한 AI'의 내용을 넣고 '챗GPT'에게 요약해달라 요청했습니다.

> '불편한 AI' 책을 서술형으로 요약해줘
>
> **'불편한 AI': 낯설지만 필요한 기술과의 첫 만남**
>
> '불편한 AI'는 AI라는 기술을 처음 접하는 독자들에게 이를 쉽게 이해하고 활용할 수 있는 방법을 제시하는 책입니다. 특히 기술에 낯선 시니어 독자들을 위해, 어렵게 느껴질 수 있는 AI를 친근하고 실용적으로 풀어내고자 했습니다. 이 책은 AI라는 도구가 처음에는 불편하고 낯설게 느껴질 수 있지만, 이를 배우고 활용하면서 더 나은 일상과 새로운 가능성을 경험할 수 있음을 강조합니다.
>
> 책은 AI를 대하는 우리의 첫 반응에서부터 시작합니다. "복잡하다", "이해하기 어렵다"는 생각이 들게 만드는 AI의 기술적 이미지가 실제로는 우리가 스마트폰을 처음 배웠을 때와 비슷한 수준의 도전임을 이야기하며, 작은 시도와 반복으로 극복할 수 있음을 보여줍니다.
>
> AI의 개념과 작동 방식은 복잡한 기술 용어 대신, 실생활의 사례를 통해 설명됩니다. 예를 들어, AI를 활용한 음성 명령이나 간단한 번역 도구 사용, 자동화된 일상 작업은 누구나 쉽게 이해할 수 있는 사례로 제시됩니다. 이러한 설명은 독자들이 AI를 기술로 느끼기보다는, 우리 삶의 도구로 받아들이도록 돕습니다.
>
> 또한, 책은 AI를 효과적으로 활용하기 위한 기본 기술, 특히 프롬프트 작성법을 상세히 다룹니다. AI와 소통하기 위해 질문을 명확히 하는 방법, 원하는 답을 얻기 위한 접근법 등을 간단히 설명하며, 독자들이 AI와의 상호작용에서 자신감을 가질 수 있도록 합니다.

> AI가 가져다줄 긍정적인 변화뿐만 아니라, 우리가 고려해야 할 윤리적 문제와 한계도 다룹니다. 특히, AI가 우리의 삶을 편리하게 만들어주는 도구인 동시에, 정보의 신뢰성과 프라이버시 등 중요한 문제를 함께 고민해야 한다는 점을 강조합니다.
>
> 책은 시니어 독자들이 AI를 쉽게 활용할 수 있도록 구체적인 가이드를 제공합니다. 예를 들어, 음성 디바이스를 통해 정보를 찾거나, 개인화된 학습 도구를 활용하는 방법 등은 시니어 독자들에게 실질적인 도움을 줄 수 있는 사례들입니다.
>
> 결국, '불편한 AI'는 AI라는 기술이 우리 삶을 얼마나 편리하고 창의적으로 만들 수 있는지를 보여주며, 이를 배우고 활용하는 과정이 우리의 일상과 미래에 중요한 역할을 할 것임을 이야기합니다. AI는 단순한 도구를 넘어, 새로운 변화를 가능하게 하는 동반자가 될 수 있습니다. 이 책은 독자들에게 AI와 함께 더 나은 삶을 준비하자는 메시지를 전달하며 마무리됩니다.
>
> '불편한 AI'는 불편함을 기회로 바꾸고, 변화의 물결 속에서 주체적으로 나아가기를 권장하는 책입니다.

> 다섯줄로 요약해줘

다섯 줄로 요약한 '불편한 AI'

> '불편한 AI'는 AI 초보자, 특히 시니어를 대상으로 AI를 이해하고 활용하는 방법을 쉽게 풀어낸 책입니다. AI의 기본 개념과 일상적인 활용 사례를 통해 복잡한 기술을 친근하게 소개하며, 프롬프트 작성법 등 AI와 효과적으로 소통하는 방법을 설명합니다. 또한, AI가 제공하는 가능성과 함께 윤리적 문제와 한계를 균형 있게 다룹니다. AI는 단순한 도구를 넘어, 일상을 편리하고 창의적으로 바꾸는 동반자임을 강조합니다. 독자들은 이 책을 통해 AI에 대한 두려움을 줄이고, 새로운 기술과의 공존을 준비할 수 있습니다.

한 문장으로 요약한 '불편한 AI'

> 신문기사의 강렬한 헤드라인처럼 한 문장으로 작성해줘

> "AI, 낯설고 불편하지만 당신의 일상을 바꿀 동반자가 되다!"

인간의 마지막 발명품 'AI'

AI는 인간이 만든 도구 중 가장 놀라운 도구이며 어쩌면 인간이 발명한 마지막 기술이 될지도 모릅니다. 효율성을 높이거나 작업을 도와주는 수준이 아닌 스스로 학습하고 진화하며 더 나은 결과를 만들어 내는 단계에 이르렀습니다. 이 책을 집필하는 과정에서도 수없이 많은 변화가 있었고 지금 이 순간에도 그 변화와 발전은 여전히 '현재 진행형'입니다.

인간의 마지막 발명품이라는 이야기는 단순히 기술적 가능성에 대한 이야기가 아닙니다. 누군가는 이 기술을 '핵' 그 이상의 기술이라고 표현합니다. 그만큼 AI는 커다란 가능성과 동시에 역사상 가장 큰 위험을 품고 있는 중요한 기술로 자리 잡아가고 있습니다.

증기기관이 이끈 1차 산업혁명, 전기의 발명이 주도한 2차 산업혁명, 인터넷과 IT의 결합이 만들어 낸 3차 산업혁명을 지나 인공지능이 주도하는 4차 산업혁명이 이미 시작되었습니다. 이 새로운 패러다임의 전환 속에서 누군가는 앞서 나가고 누군가는 도태되겠죠. 그러니 아직도 AI를 사용할지에 대한 고민을 하는 분이 계신다면 더 이상 망설이지 마세요. 하루라도 빨리 이 '불편한 AI'를 이용해 'AI 리터러시'를 키우고 다가올 미래를 준비하세요.

변화는 이미 시작되었고 그 변화의 시계는 지금도 빠르게 돌아가고 있습니다.